KB119617

재무제표가 알려주는 좋은 주식 나쁜 주식

숫자를 알면 오르는 주식이 보인다

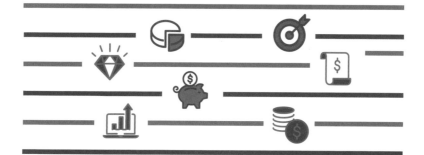

재무제표가 알려주는
좋은 주식
나쁜 주식

곽상빈·김피비 지음

원앤원북스

안전한 투자의 해답은 재무제표에 있다

2017년부터 주식 투자 붐이 일었다. 실제로 2021년만 해도 모임자리에서 주식 이야기가 빠지지 않았다. 코로나19 팬데믹 이후 촉발된 소위 '동학개미운동'으로 주식거래 계좌 수는 5천만 개를 돌파했고, 최근에는 금리 인하 기대감과 함께 위험자산에 대한 선호도가 높아지면서 7천만 개를 돌파했다. 주식거래 계좌 수만 놓고 보면 말 그대로 전 국민이 주식 투자를 하는 것처럼 보인다.

주식 투자의 인기가 높은 이유는 딱 하나다. 돈을 벌 수 있는 손쉬운 수단이기 때문이다. 그런데 주의해야 할 것이 있다. 주식 투자가 돈 벌기 쉬운 수단인 것은 맞지만 돈을 잃기에는 더 쉽다는 문제가 있다. 공부 없이, 준비 없이 '묻지마 투자' '빚투'를 일삼으면 막심한 손해를 볼 수 있다.

한국거래소 데이터에 따르면, 2024년 3월 국내 개인 투자자의 신용거래융자 잔액은 19조 원에 달했다. 2023년 10월 6일 19조 1,750억 원을 찍은 이후 약 5개월 만에 최고치를 달성한 것이다. 신용거래융자 잔액은 개인 투자자가 증권사에서 돈을 빌려서 주식을 산 뒤 갚지 않고 남은 자금을 뜻한다. 빚투가 크게 증가한 이유는 국내외 증시가 별다른 조정 없이 상승 랠리를 보이는 가운데, 이번 상승장을 놓칠까 초조하고 두려운 이른바 '포모(FOMO)' 현상에 휩싸였기 때문으로 보인다.

투자에 관심을 갖고 공부하는 것은 건강한 현상이지만, 공부 없이 투자의 세계에 뛰어들어 불나방처럼 산화하는 것은 바람직하다 할 수 없다. 이러한 현상은 특히 2030 청년층에게 두

드러진다. 한국보건사회연구원의 〈청년 미래의 삶을 위한 자산 실태 및 대응방안〉 보고서에 따르면, 19~39세 청년 가구주의 평균 부채는 2021년 8,455만 원인 것으로 나타났다. 2012년 3,405만 원의 2.48배에 달하는 수치다. 소득 대비 부채비(DTI)가 300% 이상인 경우는 21.75%로 10년 새 2.6배 급증했다.

지금이라도 정도(正道)로 돌아와 건강한 투자를 위한 공부를 시작해야 한다. 요즘에는 인터넷을 통해 단순 재무제표뿐만 아니라, 증권분석 전문가들이 자주 활용하는 재무적인 분석을 누구나 쉽게 확인할 수 있다. 그냥 '네이버페이 증권'만 살펴봐도 손쉽게 재무제표를 확인할 수 있다. 재무제표를 공부해야 하는 이유가 여기에 있다. 재무제표는 '공짜 정보'요, 활용하기 굉장히 쉬운 '효용성 있는 정보'다. 투자수익률은 그러한 정보를 활용할 수 있는 능력 여하에 달려 있다 해도 과언이 아니다.

주식 투자는 감으로 하는 게 아니라 철저한 분석으로 해야 한다. 장기적으로 보면 주가는 기업의 실적을 따라서 움직이게 되어 있다. 물론 단기적인 주가의 흐름은 변동성이 크고 변수가 많다. 단기적으로는 주식 시장의 매수세와 매도세의 움직임, 투자자의 심리적 요인 등이 개입할 수 있다. 기업의 실적보다는 일종의 추세를 따르는 경향이 강하다. 이러한 추세는 차트를 보면 쉽게 알 수 있다(차트를 분석하고 이용하는 단기 투자를 '기술적 투자'라고 한다). 단기 투자 전략으로 차트를 이용한 투자도 나쁘지는 않다. 빠른 의사결정에 도움이 되기 때문이다. 그러나 장기적으로 투자하는 가치투자자에게는 차트보다 재무제표가 더 큰 무기라고 생각한다. 기업의 실적과 현금흐름의 추세, 재무적 건전성만큼 주가의 장기적인 예측에 도움이 되는 정보도 없다.

재무제표 분석은 기업이 공시한 실적과 재무구조를 분석하는 것에 기초한다. 우선 재무제표를 통해 기업의 과거 실적을 확인하고, 최근의 실적 흐름을 중점적으로 본다. 과거 실적과 최근의 실적을 함께 보는 이유는 이를 통해 미래를 예측할 수 있기 때문이다. 과거 실적이 좋은 기업일지라도 미래 실적이 좋

지 못하면 주가는 당연히 그에 비례해 하락할 것이다.

기업의 재무제표를 잘 활용하면 할수록 주식 투자가 쉽고 재미있어진다. 투자에 앞서 기업이 분기마다 공시하는 재무제표를 잘 살펴보고, 사업보고서를 검토할 줄 알면 해당 종목에 대한 핵심 정보를 파악할 수 있다. 진짜 좋은 주식인지, 나쁜 주식인지 구분하는 눈이 생긴다. 재무제표는 누구에게나 공개된 공짜 자료다. 그런데 아무나 이 좋은 자료를 이용할 수 있는 것은 아니다. 아는 만큼 돈을 벌 수 있다. 어렵다고 회피한다면 돈 벌 생각이 없는 것과 같다.

이 책은 재무제표를 쉽게 파악하고 재무상태표, 손익계산서, 현금흐름표를 통해 주식을 살지 팔지 의사결정 과정에서 활용하는 방법론을 다룬 책이다. 구체적인 공시자료를 활용해 돈 되는 종목이 어떤 것인지, 주가의 향방을 예상하는 데 쓰이는 유인들을 살펴볼 것이다. 유상증자, 무상증자, 감자, 주식 병합과 분할, 기업의 합병과 분할, 거래정지와 상장폐지 관련 공시

등을 알아보고 재무제표를 투자에 어떻게 활용할지 소개하려 한다. 그리고 마지막 장에서는 데이터, 경제 흐름에 기반한 최신 투자 트렌드와 종목 발굴 노하우에 대해 알아보겠다.

금융감독원 전자공시시스템에는 하루에도 수십 개의 공시가 올라온다. 공부 없이는 해당 종목에 있어서 호재인지 악재인지 해석하기가 쉽지 않다. 정확히 알아야 대응할 수 있다. 확실하고 안전한 투자를 하기 위해 지금부터 함께 공부해보자.

곽상빈, 김피비

2장
투자자를 위한 재무비율 분석

3장
ESG 평가와 저평가된 비친환경 기업들

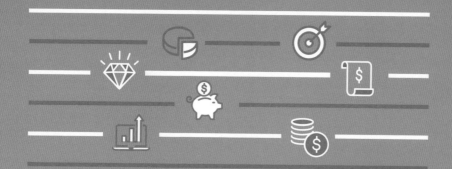

1장

재무제표와
공시는
주식 투자의 기본

"주식은 도박이 아니지만 기업에 대해
공부하지 않는다면 도박과 같다."
_피터 린치

재무제표가
왜 필요할까?

내가 일하는 기업 또는 내가 투자하고자 하는 기업의 가치를 알고
싶다면 반드시 거쳐야 하는 것이 재무제표 분석이다.

재무제표를 모르고 투자해도 돈을 벌 수 있긴 하다. 2011년
필자가 한창 주식 투자를 했을 당시 실제로 재무제표를 보기
보다는 사람들이 주로 좋다고 추천하는 종목이나 뉴스에 자
주 언급되는 종목에 투자해 큰 이익을 본 바 있다. 주변에는 세
력이 주가를 흔드는 추세를 읽어 적절한 타이밍에 사서 올랐을
때 파는 단기 투자자도 꽤 있었다. 이런 경우 재무제표보다는
주가의 흐름을 우선순위 앞에 두며, 어딘가에서 들은 호재나

악재에 대한 정보를 바탕으로 투자 판단을 내린다. 그러나 이런 방식의 문제점은 확신이 없다는 데 있다. 단기간 주가가 떨어지면 일상이 어려울 정도로 주가창만 들여다보게 되고, 심지어 주가가 조금만 떨어져도 겁나서 팔고 오르면 오르는 대로 편승해서 물을 타다 손해만 키운다. 귀가 얇은 사람은 뜬소문에 주식을 샀다가 분식회계나 횡령, 실적 악화 등으로 주가가 폭락해 큰 손해를 보기도 한다.

자신이 투자하는 종목에 대한 정확한 이해와 분석 없이 투자하는 것은 로또를 사는 것과 같다. 운 좋으면 돈을 벌고 운 나쁘면 돈을 잃는다. 운에 나의 피같은 돈을 맡기는 것을 막고 좀 더 안전하게 투자해서 목돈을 만드는 것. 이것이 재무제표 분석의 목적이라고 할 수 있다. 재무제표는 안전한 투자를 위한 필수품인 것이다.

재무제표는 보고서다. 상세히는 기업을 객관적인 숫자로 나타내는 회계보고서라고 할 수 있다. 재무제표는 회계처리의 '결과물'이자 의사결정 측면에서 보면 '시작점'이라고 할 수 있다. 재무제표는 기업의 경제적 상황을 나타내며 필요에 따라서 회계기간 말(보통은 연말), 분기, 반기에 작성해서 보고한다. 기업은 보통 1년에 한 번은 이사회를 거쳐 주주총회에 재무상태와 경영 성과를 보고하는데 이때 제출하는 것이 재무제표다. 상장사의 경우 전자공시제도를 통해 온 국민에게 재무제표를 공개하기도 한다. 이렇게 공개된 재무제표에 이익이 많이 났다면 주주에게 배당을 주고 종업원에게는 성과금을 주는 등 모두 행복한 연말을 맞는 반면, 반대로 적자가 발생했다면 배당은 고사하고 종업원을 해고하거나 각종 구조조정에 시달리기도 한다. 상황이 심각한 경우 폐업을 통해 기업을 청산하는 상황에 이를 수도 있다.

재무제표의
종류와 특성

재무제표는 기업의 '진단서' 또는 '성적표'라고 불린다. 왜 진단서 또는 성적표가 재무제표일까? 우리는 매년 정기검진을 받는다. 현재 건강상태가 어떤지 궁금해서 가는 경우도 있고, 회사에 의해 의무적으로 검진을 받아야 하는 경우도 있다. 어쨌든 정기검진을 받고 나면 혈압은 정상인지, 당뇨는 없는지, 체지방은 어떤지, 콜레스테롤 수치는 어떤지 등 건강상태에 대한 수치가 요약되어 나온다. 기업도 마찬가지다. 기업이 지금 정상적인 상태인지, 부채가 과다하지 않은지, 자산은 충분한지, 현금은 충분한지, 자본은 적정한지 등 기업의 재산상태를 진단해서 알려주는 재무제표가 바로 '재무상태표'다. 현재 시점에서 기업의 상태를 보여주는 재무제표를 재무상태표라 일컫는다.

한편 기업도 사람처럼 매년 성적표를 받는다. 학창 시절 우리는 주기적으로 시험을 치렀다. 좋은 성적을 받으면 부모님께 칭찬도 듣고 용돈도 더 받지만, 반대로 성적이 떨어지거나 아예 바닥인 경우 꾸지람을 듣고 벌을 받았다. 기업도 마찬가지다. 올해 경영을 잘해서 성과가 좋으면 당기순이익이 많이 나온다. 흑자가 나면 주주에게 배당을 주고 경영자도 성과금을 받는다. 반면 경영 성과가 좋지 않아 적자가 나면 그 적자는 고스란히 주주의 투자금을 불태우는 무상감자라는 것으로 때운다. 더불어 경영자는 연봉 삭감이라는 벌을 받는다. 이와 같이 한 해의 경영 성과를 나타내는 재무제표가 '손익계산서'다.

이 밖에 기업의 혈액이라 할 수 있는 현금이 잘 돌고 있는지, 현금의 유출입이 어떤 경로로 발생했는지를 볼 수 있는 '현금흐름표', 기업의 주인인 주주들의 몫(자본)이 어떤 경로로 변동하는지를 보여주는 '자본변동표'도 재무제표의 일종이다. 아울러

구분	특성
재무상태표	• 일정 시점의 기업의 자산, 부채, 자본의 상태를 보여준다. • 회계 등식인 '자산=부채+자본'의 논리로 작성된다.
손익계산서	• 일정 기간 기업의 경영 성과를 보여준다. • '수익-비용=순이익'의 논리로 작성된다. • 최종적으로 당기순이익(순손실)이 당기의 경영 성과다.
현금흐름표	• 일정 기간 기업의 현금흐름을 보여준다. • 현금흐름은 수익과 비용과 달리 현금이 유출입된 것만을 보여준다. • 현금흐름을 영업활동, 투자활동, 재무활동으로 구분해 기록한다.
자본변동표	• 일정 기간 자본의 변동 내역을 보여준다. • 자본 항목으로는 자본금, 자본잉여금, 이익잉여금, 기타포괄손익누계액, 기타자본구성요소 등이 있다.
주석	• 재무제표의 계정과목과 금액에 대해 쉽게 이해할 수 있도록 기호를 붙여 페이지 하단이나 별지에 추가한 설명이다.

'주석'도 재무제표의 종류에 포함된다. 주석은 숫자와 계정과목으로만 표현되어 있는 다른 재무제표를 설명하고 꾸며주는 역할을 한다. 즉 구체적으로 왜 그 금액인지, 어떤 사건 때문에 계정과목이 발생했는지 등을 설명해준다. 주석을 보지 않고는 구체적인 거래내용을 알 수 없다.

재무제표가 일종의 성적표인 이유는 경영 활동의 가장 기본적인 자료이기 때문이다. 성적표를 받았을 때 국어는 잘하고 수학을 못했다면 수학 공부에 좀 더 집중해야겠다는 진단과 반성을 내리기 마련이다. 기업도 마찬가지다. 올해 매출액이 좋으면 그 원인을 밝혀 앞으로 실적을 유지하기 위한 경영 활동을 추진해야 할 것이고, 비용이 과다하게 발생했다면 비용을 통제하는 경영 활동을 추진해야 할 것이다. 이러한 경영 활동의 모태가 재무제표다. 재무제표에는 기업의 재산상태와 경영 성과가 나타나 있으므로 이를 토대로 이후의 의사결정을 내릴 수 있다.

재무제표상 자산은 현재 시장에서 거래되는 시장가치(회계상으로는 공정가치라고 함)와 과거 지출액으로 기록한 역사적 원가가 혼재되어 기록되어 있다. 그렇기에 기업의 가치를 정확히 나타낸다고 보기는 어려울 수 있다. 그래서 기업의 가치를 보다 적절히 평가하기 위해 해당 기업이 미래에 창출하는 영업활동 현금흐름을 기업의 위험을 반영한 할인율로 할인해 현재 가치를 평가해보는 것이다. 이때 영업활동현금흐름은 기업의 경영 성과인 매출액에서 각종 영업경비를 차감한 후의 영업이익에서 각종 조정을 거쳐 추정한다. 이 부분은 기업가치평가 분야에 해당하는데 이것을 전문적으로 하는 직업이 회계사나 감정평가사다. 좀 더 전문적인 내용을 알고 싶다면 기업가치평가 관련 자료를 확인해보기 바란다.

이와 같이 내가 일하는 기업 또는 내가 투자하고자 하는 기업의 가치를 알고 싶다면 반드시 거쳐야 하는 것이 재무제표 분석이다. 재무제표를 모르면서 투자를 한다는 것은 말도 안 되는 일이다. 더불어 내가 일하는 회사가 얼마짜리이고 앞으로 급여를 얼마나 줄 수 있는지 알고 싶을 때 봐야 하는 자료가 재무제표다. 재무제표가 중요한 이유는 기업의 가치를 가장 객관적으로 보여주는 자료이기 때문이다.

정리하면 재무제표는 경영자 입장에서는 투자, 인건비 등을 늘릴지 혹은 축소할지, 현금을 확보할지 혹은 금융자산에 투자할지 등 여러 의사결정 과정에 필요한 정보를 얻을 수 있는 창구라 할 수 있다. 재무제표에서 향후 회사의 상태가 어떻게 변화할지에 대한 정보와 힌트를 얻을 수 있기 때문이다. 주주와 투자자 입장에서는 해당 회사의 주식을 살지, 팔지 등 수익성 여부를 판단하는 데 재무제표가 유용하게 쓰인다.

- ☑ 좀 더 안전하게 투자해서 목돈을 만드는 것. 이것이 재무제표 분석의 목적이라고 할 수 있다.
- ☑ 재무제표는 기업의 '진단서' 또는 '성적표'라고 불린다.
- ☑ 재무제표에는 기업의 재산상태와 경영 성과가 나타나 있으므로 이를 토대로 이후의 의사결정을 내릴 수 있다.

재무 자료
확인하는 방법

재무제표와 함께 각종 재무비율과 그 추세를 통한 가치분석을 병행
한다면 전문가 못지않게 투자 종목의 주가를 예상해볼 수 있다.

네이버페이 증권

활용하기

초보 투자자라면 증권사에서 제공하는 정보, 뉴스만 갖고 투
자하기 쉽다. 재무제표를 검색하는 방법도 모르고, 막상 정보
를 찾아도 해석에 애를 먹기 때문이다. 초보자 티를 없애기 위
해선 우선 재무제표와 친해져야만 한다. 재무 자료를 확인할

기업실적분석										더보기 ›
주요재무정보	최근 연간 실적				최근 분기 실적					
	2021.12	2022.12	2023.12	2024.12(E)	2022.12	2023.03	2023.06	2023.09	2023.12	2024.03(E)
	IFRS 연결	IFRS 연결	IFRS 연결	IFRS 연결	IFRS 연결	IFRS 연결	IFRS 연결	IFRS 연결	IFRS 연결	IFRS 연결
매출액(억원)	2,796,048	3,022,314	2,589,355	3,017,974	704,646	637,454	600,055	674,047	677,799	718,611
영업이익(억원)	516,339	433,766	65,670	325,974	43,061	6,402	6,685	24,335	28,247	47,989
당기순이익(억원)	399,074	556,541	154,871	303,128	238,414	15,746	17,236	58,442	63,448	44,377
영업이익률(%)	18.47	14.35	2.54	10.80	6.11	1.00	1.11	3.61	4.17	6.68
순이익률(%)	14.27	18.41	5.98	10.04	33.84	2.47	2.87	8.67	9.36	6.17
ROE(%)	13.92	17.07	4.15	7.97	17.07	13.71	10.66	9.27	4.15	
부채비율(%)	39.92	26.41	25.36		26.41	26.21	24.80	24.89	25.36	
당좌비율(%)	196.75	211.68	189.46		211.68	210.35	209.73	205.30	189.46	
유보율(%)	33,143.62	38,144.29	39,114.28		38,144.29	38,025.67	38,184.87	38,609.91	39,114.28	
EPS(원)	5,777	8,057	2,131	4,273	3,460	206	228	810	887	668
PER(배)	13.55	6.86	36.84	17.04	6.86	9.66	13.78	14.54	36.84	109.06
BPS(원)	43,611	50,817	52,002	55,242	50,817	51,529	51,385	52,068	52,002	
PBR(배)	1.80	1.09	1.51	1.32	1.09	1.24	1.41	1.31	1.51	
주당배당금(원)	1,444	1,444	1,444	1,441	361	361	361	361	361	
시가배당률(%)	1.84	2.61	1.84		0.65	0.56	0.50	0.53	0.46	
배당성향(%)	25.00	17.92	67.78		10.44	175.00	158.51	44.57	40.72	

네이버페이 증권에서 확인 가능한 삼성전자의 '기업실적분석' 항목

수 있는 가장 쉬운 방법은 네이버페이 증권을 활용하는 것이다. 포털사이트만 이용해도 웬만한 재무 자료는 얻을 수 있으니 우선은 이 부분부터 확인해야 한다.

네이버페이 증권에서 특정 종목의 재무제표를 확인하는 것은 매우 간단하다. 우선 검색창에 내가 확인하고 싶은 종목을 검색한다. 예를 들어 삼성전자에 투자하는 것을 고려하고 있다면 검색창에 '삼성전자'를 입력한다. 원하는 종목의 정보창으로

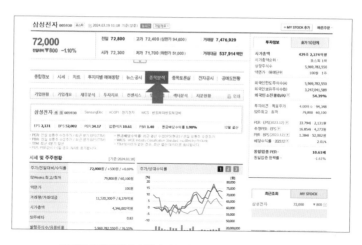

네이버페이 증권에서 확인 가능한 삼성전자의 '종목분석' 항목

이동한 다음, 하단을 보면 '기업실적분석'이라는 항목이 보일 것이다. 해당 항목은 재무제표 중에서 실적을 요약한 정보를 제공한다. 기업실적분석에서 매출액과 영업이익, 당기순이익의 추세와 각종 재무비율을 한눈에 볼 수 있다. 뒤에서 자세히 설명하겠지만 재무비율 분석은 동종 업종과 비교하는 것이 핵심인데, 기업실적분석에서 좀 더 아래로 내려가면 '동일업종비교'라는 항목도 확인할 수 있다.

네이버페이 증권에서 꼭 살펴봐야 하는 핵심 항목은 '종목분석'이다. 해당 항목에 들어가면 생각보다 상세한 재무 정보

| 추정실적 컨센서스 | | | | | | | | | | 주재무제표 ∨ | 검색 |

재무년월	매출액(억원, %)		영업이익 (억원, %)	당기순이익 (억원, %)	EPS (원)	PER (배)	PBR (배)	ROE (%)	EV/EBITDA (배)	순부채비율 (%)	주재무제표
	금액	YoY									
2021(A)	2,796,048	18.07	516,339	392,438	5,777	13.55	1.80	13.92	4.89	-34.69	IFRS연결
2022(A)	3,022,314	8.09	433,766	547,300	8,057	6.86	1.09	17.07	3.23	-29.57	IFRS연결
2023(A)	2,589,355	-14.33	65,670	144,734	2,131	36.84	1.51	4.14	9.73	-21.92	IFRS연결
2024(E)	3,017,974	16.55	325,974	290,225	4,273	17.04	1.32	7.97	5.32	-24.84	IFRS연결
2025(E)	3,340,638	10.69	477,425	410,117	6,038	12.06	1.21	10.47	4.11	-26.61	IFRS연결

* (A)는 실적, (E)는 컨센서스
* 연결 기업의 당기순이익 및 자본총계는 지배주주 기준
* 컨센서스 | 최근 3개월간 증권사에서 발표한 추정치의 평균

네이버페이 증권에서 확인 가능한 삼성전자의 '추정실적 컨센서스' 항목

를 확인할 수 있다. 예를 들어 '기업현황'에서는 EPS, BPS, PER, 업종PER, PBR, 현금배당수익률을 한눈에 볼 수 있다. 시세 및 주주 현황은 물론, 주가가 코스피 대비 얼마나 좋은지 등도 확인 가능하다. 게다가 최근의 펀더멘털 수치를 확인할 수 있는데, 현재 주가가 적정한지를 판단할 수 있어 투자를 고려한다면 꼭 살펴봐야 하는 자료다.

이 밖에 '투자의견 컨센서스'와 같은 다양한 지표를 제공하고 있는 것도 큰 장점이다. 물론 단기 투자를 할 요량이라면 증권사의 투자의견 컨센서스가 그다지 도움이 되지 않을지 모른다. 중장기적인 관점에서는 투자의견 컨센서스가 향후 주가 흐름을 예측하는 데 큰 도움이 될 것이다. 전문가 집단이 매수해야

할지 매도해야 할지 일종의 기준을 제시한다는 측면에서 직관적인 도움을 받을 수 있다.

놀라운 점은 과거의 재무제표만 보여주는 데서 그치는 것이 아니라 향후 1년간의 추정치도 제공한다는 것이다. 이러한 추정치를 보고 1년 후 수익률이나 실적이 개선되거나 변화되는 부채비율을 예측해볼 수 있다. 실적이 개선되고 부채비율이 안정적이라면 매수를 고려하고, 실적이 부진하고 부채비율이 흔들린다면 매도를 고민하는 등 의사결정에 도움을 받을 수 있다.

좀 더 구체적인 재무제표 분석을 보고 싶다면 종목분석 항목에서 '재무분석' 메뉴를 클릭하면 된다. 재무분석에서는 뒤에서 자세히 공부할 손익계산서, 재무상태표, 현금흐름표에 관한 정보를 그래프와 함께 알기 쉽게 보여준다. 매출액의 추세, 영업이익의 추세, 당기순이익의 추세 등은 물론 수익성장성 지표의 증가율을 통해 회사의 주가를 예측해볼 수 있다. 수익률은 당연히 높을수록 좋다. 매출액, 영업이익, 당기순이익이 높으면 주가도 오를 것이기 때문에 투자자라면 이정표로 삼을 만하다. 또 5년치 손익계산서를 한눈에 볼 수 있게 요약해서 제공하고 있어 기초적인 재무제표의 구조를 공부했다면 유용하게 이용할 수 있다.

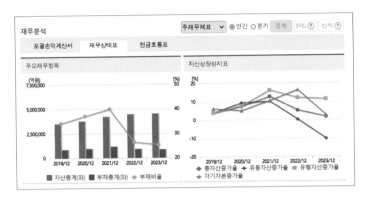

네이버페이 증권에서 확인 가능한 삼성전자의 '재무상태표' 항목

재무상태표 항목을 보면 자산, 부채, 부채비율뿐만 아니라 총 자산증가율, 유동자산증가율, 유형자산증가율, 자기자본증가 율을 그래프로 표시해 보여준다. 재무상태표도 손익계산서와 마찬가지로 각 항목의 5년치 자료를 요약해서 제공하므로 매 우 유용하다.

현금흐름표도 일목요연하게 보여주는데 영업활동현금흐름, CAPEX, 당기순이익, 보통주 수정주가와 그 추세를 확인해볼 수 있다. 뒤에서 자세히 살펴보겠지만 현금흐름표의 구성요소 인 영업활동으로 인한 현금흐름, 재무활동으로 인한 현금흐름, 투자활동으로 인한 현금흐름의 5년치 자료를 요약해 제공하고 있어 구체적인 현금흐름을 파악하기 용이하다.

　과거에는 금융감독원 전자공시시스템에 접속해 일일이 종목을 검색하고 관련 공시와 감사보고서, 사업보고서를 확인해야 했는데 요즘엔 네이버페이 증권을 통해 간단히 재무제표를 확인할 수 있다. 우리가 재무제표를 공부하고 활용하는 이유는 결국 주식을 언제 사고, 언제 팔아야 하는지 도움을 받기 위해서다. 물론 재무제표만 가지고는 주가를 정밀하게 분석할 수 없지만, 재무제표와 함께 각종 재무비율과 그 추세를 통한 가치분석을 병행한다면 전문가 못지않게 투자 종목의 주가를 예상해볼 수 있다.

　네이버페이 증권에서는 재무비율과 그 추세를 이용한 지표 자료도 상세히 제공하고 있다. 예를 들어 삼성정자의 종목분석 항목에서 '투자지표' 메뉴를 누르면 '투자분석'이라는 항목이 나온다. 하위 메뉴로 수익성, 성장성, 안정성, 활동성이 보일 것이다. 예시로 수익성 항목만 살펴보면 매출액, 영업이익률, 순이익률의 5년간 추세를 제공하고 있으며 ROE, ROA, ROIC의 추세도 함께 확인할 수 있다. 각 항목의 구체적인 수치도 계산되어 제공되기 때문에 분석하기 매우 용이하다.

　이처럼 네이버페이 증권의 여러 기능만 잘 활용해도 재무제

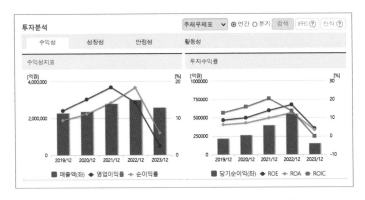

네이버페이 증권에서 확인 가능한 삼성전자의 '투자분석' 항목

표와 재무 정보를 손쉽게 입수할 수 있다. 보다시피 복잡하고 어려운 작업이 아니다. 재무제표를 해석하고 어떻게 투자에 활용하는지 메커니즘만 배운다면 누구나 전문가처럼 투자할 수 있다.

금융감독원 전자공시시스템
활용하기

재무제표뿐만 아니라 각종 기업 공시를 한 번에 찾아볼 수 있는 사이트가 있다. 바로 금융감독원 전자공시시스템이다. 금융감독원에서 상장사에 대한 공시 정보를 제공하고자 운영하는 사이트로 실무에서는 '다트(DART)'라고도 부른다. 검색창에 '전자공시' 또는 'DART'를 입력하면 금방 찾을 수 있다.

　주식 투자자는 상단 메뉴 중 '최근공시' '공시서류검색' 2가지를 주로 사용한다. 최근공시는 가장 최근에 발표된 다양한 공시 정보를 제공한다. 유가증권시장, 코스닥시장, 코넥스시장, 기타법인, 5%·임원보고, 펀드공시 등으로 구분해 종류별로 공시를 확인할 수 있다. 참고로 기타법인은 상장법인은 아니지만 「주식회사 등의 외부감사에 관한 법률」에 따라 공인회계사의 외부감사를 받는 법인을 별도로 공시한 것이다. 5%·임원보고는 상장사의 주식을 5% 이상 가진 사람이거나, 상장사의 주요 의사결정에 영향력을 미치는 임원의 주식 변동 내용을 공시한 것이다.

　이제 본격적으로 관심 있는 종목의 공시 정보를 찾아보자. 공시서류검색을 누르면 공시통합검색, 회사별검색, 펀드공시상세검색, 최근정정보고서, 최근삭제보고서 등이 나온다. 여기서 공시통합검색 기능을 주로 이용한다.

　공시통합검색창을 보면 회사명, 제출인명, 기간, 공시유형 등

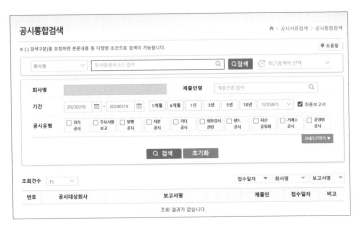

금융감독원 전자공시시스템 '공시통합검색' 항목

을 설정해 검색할 수 있다. 이곳에서 관심 있는 종목을 검색해 보면 된다. 이때 기간 설정에 유의해야 하는데 금융감독원 전자공시시스템은 공시 검색기간을 1년으로 설정해두고 있기 때문에 보다 과거의 공시가 궁금하다면 기간 범위를 5년, 10년 등으로 늘려야 한다. '최종보고서' 체크박스를 누르면 기업이 공시를 제출할 때 내용 오류를 수정하는 수정본을 제외한 최종본만 검색할 수 있다. 시간을 단축할 수 있어 유용한 기능이다.

그럼 금융감독원 전자공시시스템에서 반드시 확인해야 할 공시 자료는 무엇일까? 대표적인 공시 서류로는 감사보고서와 사업보고서가 있다. 주식 투자자에게 가장 필요한 공시는 사업보고서라고 할 수 있다. 상장사가 1년에 한 번 발표하는 사업보고서에는 회사의 역사와 실적, 1년 동안의 영업활동 내역과 재무관리 사항이 담겨 있다. 사업보고서를 찾고 싶다면 상세조건을 입력하는 화면에서 보고서명에 '사업보고서'라고 입력하면 된다.

사업보고서는 1년 동안의 사업 내용을 결산하는 결산일로부터 90일 이내에 의무적으로 제출해야 하는 서류다. 상장사의 대부분은 결산일이 12월 31일이므로 3월 말까지 공시가 이뤄진다고 보면 된다. 사업보고서가 1년 동안의 성과를 나타내는 보고서라면 정기공시에는 2가지 보고서가 더 있다. 기업의 반기 동안의 사업 내용, 재무상황 및 경영실적을 공시하는 반기보고서와 분기 동안의 내용을 공시하는 분기보고서가 그것이다. 반기보고서와 분기보고서는 반기와 분기 경과 후 45일 이내에 공시가 이뤄진다.

금융감독원 전자공시시스템에서 '네이버'의 사업보고서를 찾아보자. 2023년 사업보고서를 2024년 3월 18일에 제출한 것을 확인할 수 있다. 사업보고서 표지에는 사업연도, 회사명, 대표이사, 본점소재지 등이 나온다. 첨부 항목으로는 감

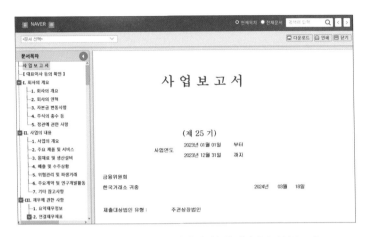

금융감독원 전자공시시스템에서 확인 가능한 네이버의 사업보고서

사보고서, 내부회계관리제도운영보고서, 영업보고서, 정관 등이 있다. 첨부 항목 중 감사보고서는 외부감사인이 회사의 재무제표를 살펴보고 기업회계기준에 맞게 잘 작성되었는지 확인하는 보고서로, 분식회계 여부를 확인하거나 회사의 재무적 리스크를 확인할 수 있는 중요한 자료다. 영업보고서는 상장사가 정기주주총회에 참석한 주주들에게 나눠주는 자료로 1년 동안의 영업활동에 대한 보고서류에 해당한다. 영업에 관한 핵심적인 내용만 간단하게 추려낸 서류라고 볼 수 있다. 주주총회에 가지 않더라도 영업보고서만 보면 해당 기업의 영업

활동이 어떻게 이뤄지고 있는지 대략적인 감을 잡을 수 있다.

다시 사업보고서로 돌아와서 사업보고서를 보면 회사의 개요, 사업의 내용, 재무에 관한 사항, 이사의 경영진단 및 분석의견, 회계감사인의 감사의견 등, 이사회 등 회사의 기관에 관한 사항, 주주에 관한 사항, 임원 및 직원 등에 관한 사항, 계열회사 등에 관한 사항, 이해관계자와의 거래내용, 그 밖에 투자자보호를 위하여 필요한 사항 등 항목별로 기업의 내부 사정을 구체적으로 보여준다. 우리는 재무제표 전반을 중점적으로 살펴보겠지만 다른 항목도 사실관계를 확인하는 용도로 활용하기 바란다.

사업보고서를 통해서 해당 기업의 1년 동안의 살림살이를 살펴봤다면, 이제 기업에게 있어서 중요한 의사결정 사항을 확인할 차례다. 이를 위해 '주요사항보고서'라는 공시를 볼 필요가 있다. 주요사항보고서로 검색을 하면 상당히 많은 내용이 조회될 것이다. 주요사항보고서의 부제목을 보면 자기주식처분결정, 회사합병결정, 회사분할결정, 감자결정 등이 달려 있는 것을 확인할 수 있다. 각 공시마다 투자자로서 어떤 부분을 알아야 하는지, 주식 투자에 어떻게 활용해야 하는지에 대해서는 뒤에서 소개하겠다.

한국거래소 카인드
활용하기

　네이버페이 증권, 금융감독원 전자공시시스템 외에도 기업 공시를 자세히 살펴볼 수 있는 사이트가 있다. 바로 한국거래소의 상장공시시스템 '카인드(KIND)'다. 금융감독원의 전자공시시스템과 카인드의 공시는 그 종류가 다르다. 카인드에 있는 공시는 대부분 금융감독원 전자공시시스템에서도 확인이 가능하지만 카인드에서만 제공하는 특별한 공시도 존재한다. 생각보다 카인드 공시에 대해 잘 모르는 투자자가 많은데 카인드를 이용하면 양질의 정보를 찾을 수 있다. 예를 들어 카인드에서 '후성'이라는 종목을 검색하면 금융감독원 전자공시시스템에는 없는 '주식선물 2단계 가격제한폭 확대요건 도달'과 같은 공시를 확인할 수 있다.

　카인드에서 확인할 수 있는 특별한 공시로는 '시장조치'와 'IPO 현황'이 있다. 시장조치의 하위 메뉴인 '신규상장'은 말 그대로 한국거래소에 신규로 상장된 기업들을 나열한 것이고, '상장안내'에서는 신규상장, 추가상장, 변경상장 등을 분류해 공시하고 있다.

카인드 사이트 화면. 카인드에서 확인할 수 있는
특별한 공시로는 '시장조치'와 'IPO 현황'이 있다.

주식 투자를 할 때 주의해야 할 부분은 불성실공시 여부와
매매거래정지 종목이다. 불성실공시법인으로 지정되면 일반적
으로 주가가 하락하기 때문에 이러한 공시를 잘 챙겨볼 필요가
있다. 물론 하락했을 때 별다른 악재가 없다면 투자 기회로 삼
을 수도 있다. 일례로 LG생활건강은 2022년 1월 17일에 불성실
공시법인 지정예고 공시가 떴고, 실적 악화까지 겹치면서 주가
가 폭락한 바 있다.

IPO 현황의 하위 메뉴에는 예비심사기업, 코넥스신청기업,
공모기업, 신규상장기업이 있다. 해당 항목도 카인드에서만 볼

수 있는 정보로 예비심사기업은 주식 시장 상장을 위해 한국거래소에 심사를 청구한 기업을 보여주는 것이고, 공모기업은 상장심사에 합격한 기업 목록을 보여주는 곳이다. 신규상장기업도 눈여겨볼 필요가 있는데 보통 신규상장 후에 주가가 급격하게 변동하기 때문이다.

  지금까지 네이버페이 증권, 금융감독원 전자공시시스템, 한국거래소 카인드를 살펴봤다. 이제 공시가 무엇을 의미하는지 어느 정도 감이 생겼을 것이다. 이제부터 좀 더 구체적인 공시 내용에 대해 살펴보겠다.

재무제표 핵심 포인트

- ☑ 재무 자료를 확인할 수 있는 가장 쉬운 방법은 네이버페이 증권을 활용하는 것이다.
- ☑ 재무제표뿐만 아니라 각종 기업 공시를 한 번에 찾아볼 수 있는 사이트가 있다. 바로 금융감독원 전자공시시스템이다.
- ☑ 카인드에서 확인할 수 있는 특별한 공시로는 '시장조치'와 'IPO 현황'이 있다.

재무제표가 알려주는 좋은 주식, 나쁜 주식

유상증자
정복하기

유상증자는 쉽게 말해 기업이 새로운 주식을 발행해서 기존 주주나
새로운 주주에게 주는 것이다.

회사에서 유가증권을 발행해 자금을 조달하는 방법에는 크게 2가지가 있다. 하나는 사채를 발행하는 것이고, 다른 하나는 주식을 발행해 투자자를 통해 자금을 조달하는 것이다. 먼저 사채는 회사에서 장기간에 걸쳐 자금을 조달하기 위해 만드는 증서로 회계적 용어로는 '채무증권'이라고 한다. 사채를 발행해 외부 자금을 끌어오면 일정 기간 이자가 발생하기 때문에 회사는 필연적으로 부채가 증가하게 되고 당기순이익은 감소한

다. 그래서 기업은 대규모 자금이 필요할 때 이자 비용 발생이 없는 방법, 즉 주식을 발행해 투자자를 통해 자금을 조달하는 '유상증자'를 고려한다.

특히 주식 시장에 상장한 회사라면 비상장사에 비해 대규모 유상증자를 진행하기에 유리하다. 상장사의 경우 공모를 통해 추가 자금을 모집할 수 있고 원하는 사업 추진을 위한 자원을 마련하기 용이하다. 그러나 세상에 공짜는 없다. 유상증자라고 해서 마냥 좋은 것은 아니다. 유상증자는 주식 수 증가에 따른 주가 하락을 야기할 수 있다는 단점이 있다.

유상증자는 쉽게 말해 기업이 새로운 주식을 발행해서 기존 주주나 새로운 주주에게 주는 것이다. 유상증자를 하면 발행주식 수가 갑자기 늘어나게 되어 기존 주주들의 주식 가치가 희석되는 현상이 벌어진다. 무엇보다 유상증자를 하면 해당 기업이 돈이 부족하다는 인식을 시장에 심어줄 가능성이 있다. 또 아무런 대가 없이 기업에 돈을 줄 투자자는 없기 때문에 기업은 기존의 주가보다 저렴한 가격으로 신주를 발행하는 것이 보통이다. 이때 할인된 가격으로 발행되는 신주를 인수할 수 있는 권리를 '신주인수권'이라고 한다.

두산중공업(현 두산에너빌리티)의 경우 2021년 12월 21일 '투

유상증자 결정 발표 당시 두산중공업 차트

자판단관련주요경영사항'으로 유상증자 결정을 발표했다. 이후 시장에서 반응이 일어나 주가가 폭락했다. 유상증자 결정에 대한 발표는 2021년 11월 26일부터 있었고, 뉴스에는 26일부터 28일까지 연이어 보도되었다. 12월에 금융감독원 전자공시시스템에 공시되었지만 이러한 점이 미리 반영되어 11월 말에 주가가 큰 폭으로 하락했다. 두산중공업의 기존 주주들은 유상증자로 인한 주가 하락으로 큰 손실을 입었다.

유상증자 신주 발행 공시는 당시 주가가 2만 2천 원이 넘었음에도 1만 6천 원에 이뤄졌다. 시가총액 대비 유상증자 비중과 비례해 주가는 일시적으로 1만 8천 원대까지 떨어졌다. 중간에 예정 발행가는 변동될 수 있으며, 최종 확정일이 2월 7일인 것을 보면 2월 7일 이후 주가가 안정세를 보일 것이라고 예상해 볼 수 있다. 신주 발행 예정가가 기존 주가보다 낮은 가격이기 때문에 주가가 희석되는 것은 당연한 결과다.

유상증자는 주식 투자자에게 있어 시가보다 싼값으로 주식을 매수할 수 있는 기회이기도 하다. 물론 주가가 더 떨어질 수 있는 위험은 존재하지만 어느 정도 이익을 얻을 수 있는 기회임은 분명하다. 왜냐하면 기업이 유상증자로 자금을 조달하는 이유는 결국 새로운 사업 기회를 모색하고 신규 투자를 통해 매출액을 증대시키기 위함이기 때문이다. 계획대로 일이 흘러간다면 주가는 더 오를 수 있다.

주주배정 vs. 제3자배정

유상증자로 발행되는 주식을 기존 주주에게 나눠주는 것을 주주배정이라 하며, 새로운 제3자에게 나눠주는 것을 제3자배정이라 한다. 기업의 주주는 주주배정과 일반공모에 참여할 수 있으며, 주주가 아닌 경우 일반공모에만 참여가 가능하다. 제3자배정은 회사와 협의된 제3자만 참여할 수 있다.

주주배정은 기업이 지분 비율에 따라 기존 주주에게 신주를 배정해주는 방식이다. 증자 시 지분율에 비례해 주식을 살 수 있는 권리가 바로 신주인수권이다. 법률 규정에 따라 주주는 신주를 배정받을 권리가 있다. 물론 주주우선공모의 경우 이러한 지분 비율의 제한이 없지만, 엄밀한 의미에서 주주배정은 주주 평등의 원칙상 자신의 지분 비율만큼만 가능하다.

제3자배정은 특정인에게만 신주를 부여해주는 방식이다. 기업이 신기술 도입, 재무구조 개선 등 경영상의 목적 달성을 위해 필요한 경우 사용하는 방법이다. 기존 주주도 목적 달성에 도움이 되는 경우 제3자배정의 대상이 될 수 있다. 제3자배정 방식의 경우 누가 주식을 배정받는지에 따라서 주가의 흐름이 달라질 수 있다. 영향력이 있거나 재력을 가진 사람이 주식을 배정받아 주주가 될 경우 후광효과에 힘입어 주가가 상승할 수 있고, 반대로 생소한 사람이 배정받는 경우 악재로 인식되기도 한다.

유상증자를 실시한
기업들의 주가는?

그럼 대규모 유상증자를 실시한 기업들의 주가는 어떻게 움직였을까? 2021년 한 해 상장사들의 유상증자 규모는 50조 6,283억 원으로 직전년도 대비 97.5% 증가했다. 유상증자 규모가 가장 컸던 회사는 대한항공이었고 주주배정 증자액은 3조 3,159억 원이었다. 크래프톤이 2조 8,007억 원, 카카오뱅크가 2조 5,525억 원으로 뒤를 이었다.

우선 대한항공부터 설명하면 유상증자로 주가가 오히려 상승했다. 유상증자의 목적이 주가에 긍정적인 영향을 미친 것이다. 2020년 1조 원 정도의 유상증자가 부채를 변제하기 위한 유상증자였다면, 2021년 상승기의 유상증자는 아시아나항공 인수자금을 위한 약 1조 5천억 원의 유상증자였다. 부채를 변제하기 위한 유상증자는 회사가 어렵다는 사정을 대외적으로 공시하는 것이기 때문에 장이 아무리 좋아도 주가가 오르기 쉽지 않다. 반면 사업 확대 혹은 타기업 인수합병을 위한 유상증자는 새로운 시장 개척이나 경제적 시너지 효과에 대한 기대로 주가가 오를 수 있다. 따라서 주가가 상승할지, 하락할지는

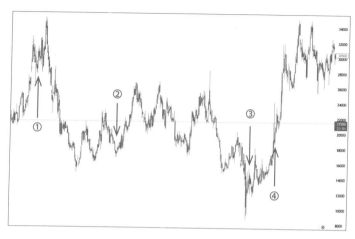

대한항공 차트. 대한항공은 2015년(①) 5천억 원, 2017년(②) 4,500억 원,
2020년(③) 1조 원, 2021년(④) 1조 5천억 원 유상증자를 단행했다.

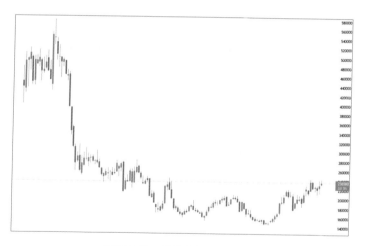

2021년 8월 10일 상장한 크래프톤 차트

유상증자라는 사실만 가지고는 판단할 수 없다.

그렇다면 2021년 8월 10일 유가증권 시장에 상장한 크래프톤은 어땠을까? 크래프톤은 주가가 공모가 대비 40% 가까이 떨어지면서 우리사주를 받은 회사 직원들의 손실까지 불어났다는 것이 업계의 설명이다. 우리사주 제도는 기업공개(IPO)나 유상증자 시 발행주의 20%를 자사 직원에게 우선 배정해 재산 증식의 기회를 주는 대표적인 복지 제도다. 하지만 크래프톤은 주가가 공모가보다 큰 폭으로 하락하면서 직원 복지라는 취지가 무색해졌다. 주가가 하락세를 지속하는 와중에 반대매매 물량도 대규모로 몰리면서 하락세에 가속도가 붙었다.

공모주에 참여한 일반 투자자들도 한숨만 쉬고 있는 상황이다. 유상증자로 인해 자금 유입이 있었지만 실적이 좋지 못했고, 글로벌 유동성 축소 등 외부 요인까지 겹치면서 주가가 하락했다는 평가가 많다.

이처럼 유상증자가 있다고 해서 반드시 주가가 오르거나 내려가는 것은 아니다. 유상증자의 목적과 규모 그리고 유상증자 전후로 기업의 실적이 상승세인지 하락세인지를 면밀히 살펴보고, 유상증자라는 사건이 이러한 추세의 촉매제인지 악재인지를 판단해야 한다.

유상증자가 호재인지 악재인지는 뉴스를 보고 어느 정도 판단할 수 있다. 예를 들어 네이버페이 증권에서 대한항공을 검색하면 '뉴스·공시'라는 항목이 보일 것이다. 실시간으로 해당 종목과 관련된 뉴스가 올라온다. 사실 금융감독원 전자공시시스템의 유상증자 공시를 보면 대표이사에게 자금 사용을 위임한다는 내용만 있을 뿐 구체적인 내막은 보기 어렵다. 이면에 담긴 이야기는 언론사 뉴스에 잘 담겨 있다.

대한항공의 2021년 유상증자 결정 전후로 올라온 기사들의 제목은 이렇다. '아시아나 품는 대한항공, 탑승 마일리지 1:1로 인정' '코로나 확진자 늘어도 대한항공 화물 반사이익 커진다' '대한항공 마일리지로 네이버 멤버십 즐긴다…첫 협력 나서' 아시아나항공과의 인수합병, 이익 개선에 대한 기대와 통합 마일리지 제도 추진 등이 주식 시장의 강세장 추세와 맞물려 주가 급등을 견인했음을 알 수 있다.

관심 종목의 유상증자가 있으면 유상증자 결정 공시를 보는 것도 도움이 된다. 대한항공 유상증자 결정 공시 일부를 발췌한 자료를 보자. 유상증자 결정이 있을 경우 '3. 증자전 발행주식총수'와 '1. 신주의 종류와 수'를 살펴보고 어느 정도 규모의 유상증자가 있었는지 파악할 수 있다. '4. 자금 조달의 목적'

대한항공 유상증자 결정 공시(2021년)

1. 신주의 종류와 수	보통주식(주)			173,611,112
	기타주식(주)			-
2. 1주당 액면가액(원)				5,000
3. 증자전 발행주식총수(주)	보통주식(주)			174,209,713
	기타주식(주)			1,110,794
4. 자금 조달의 목적	시설자금(원)			-
	영업양수자금(원)			-
	운영자금(원)			-
	채무상환자금(원)			1,815,972,243,400
	타법인 증권 취득자금(원)			1,499,999,995,800
	기타자금(원)			-
5. 증자 방식				주주 배정 후 실권주 일반공모
6. 신주 발행가액	확정 발행가	보통주식(원)		19,100
		기타주식(원)		-
	예정 발행가	보통주식(원)	- 확정 예정일	2021년 2월 26일
		기타주식(원)	- 확정 예정일	-
7. 발행가 산정방법				23. 기타 투자 판단에 참고할 사항 나. 신주 발행가액 산정방법 참조
8. 신주배정기준일				2021년 1월 26일
9. 1주당 신주배정주식수(주)				0.7922000960
10. 우리사주조합원 우선배정비율(%)				20.0

재무제표가 알려주는 좋은 주식, 나쁜 주식

11. 청약예정일	우리사주 조합	시작일	2021년 3월 4일
		종료일	2021년 3월 4일
	구주주	시작일	2021년 3월 4일
		종료일	2021년 3월 5일
12. 납입일			2021년 3월 12일
13. 실권주 처리계획			23. 기타 투자 판단에 참고할 사항 다. 신주의 배정방법 참조
14. 신주의 배당기산일			2021년 1월 1일
15. 신주권교부예정일			-
16. 신주의 상장예정일			2021년 3월 24일

은 시설자금, 영업양수자금, 운영자금, 채무상환자금, 타법인 증권 취득자금, 기타자금으로 분류된다. 대한항공의 경우 채무상환자금과 타법인 증권취득자금에 해당함을 알 수 있다. 여기서 타법인 증권 취득자금은 다른 기업의 주식 등을 취득해 지배력을 획득하는 경우, 즉 기업을 인수합병하는 경우가 대부분이다. 아시아나항공을 인수하기 위한 자금으로 해석할 수 있다. '5. 증자 방식'에 주주 배정 후 실권주 일반공모라는 표현이 보이는데 이는 기존 주주 대상으로 우선 유상증자를 했는데 기존 주주가 매입하지 못한 물량을 일반공모를 통해 모집한다는 뜻이다.

'6. 신주 발행가액'을 보면 유상증자로 발행하는 주식의 경우 확정발행가인 1만 9,100원에 매입할 수 있는 조건임을 알 수 있다. 당시 시세인 2만 1천 원대보다는 낮은 가격이다. '8. 신주배정기준일' 항목은 이번 유상증자로 발행하는 신주를 주주에게 배정할 경우 언제까지의 주주를 기준으로 배정하는지 보여준다. 상장사 주식은 매일 매입과 매도를 반복하면서 주주가 바뀌므로 특정 기준일을 정하고 신주배정권리를 준다고 명시해야 실무적으로 주주배정이 가능하다. 우리나라는 거래소 시스템상 신주배정기준일 2일 전에 주식을 매수해야 신주인수권을 부여받을 수 있다. 신주배정기준일 이후에는 신주인수권을 부여받지 못하므로 권리락이 발생해 주가가 하락할 수 있다.

'9. 1주당 신주배정주식수'는 보유하고 있는 주식 1주당 몇 주의 신주를 인수할 수 있는 권리가 있는지 보여준다. 신주배정비율이라고도 하는데 '0.79'라는 숫자의 의미는 내가 1주당 '0.79주'를 유상증자 가격에 살 수 있다는 의미다. '10. 우리사주조합원 우선배정비율'은 우리사주조합원이 우선적으로 배정받는 비율을 의미한다.

'11. 청약예정일'은 신주인수권을 가진 주주 명부에 이름을 올린 주주들이 신주를 사겠다는 뜻을 밝히는 청약일이며, '12. 납입일'은 청약 버튼을 눌러 대금이 납입되는 날짜를 말한다. '14. 신주의 배당기산일'은 신주가 발행되면 그 배당을 주는 기산점을 인위적으로 설정하는 것이다. 즉 대한항공은 '16. 신주의 상장예정일'인 2021년 3월 24일에 신주가 주식 시장에 상장되고, 이렇게 상장된 주식은 '14. 신주의 배당기산일'인 2021년 1월 1일로 소급해 발행된 것으로 간주해 배당을 지급하겠다는 뜻이다.

재무제표 핵심 포인트

☑ 유상증자는 쉽게 말해 기업이 새로운 주식을 발행해서 기존 주주나 새로운 주주에게 주는 것이다.

☑ 유상증자로 발행되는 주식을 기존 주주에게 나눠주는 것을 주주배정이라 하며, 새로운 제3자에게 나눠주는 것을 제3자배정이라 한다.

☑ 주가가 상승할지, 하락할지는 유상증자라는 사실만 가지고는 판단할 수 없다.

무상증자
정복하기

무상증자를 하는 기업은 일반적으로 주주 가치를 증대시키기 위해서 무상증자를 한다고 발표한다.

증자는 회사가 주식을 발행해서 일정한 자금을 끌어오는 것을 말한다. 기업의 자금 조달은 앞서 말했듯이 외부 금융기관이나 대부자를 이용해서 자금을 빌려오는 '부채'의 방식이 있고, 투자자를 모집해서 자본을 증가시키는 '증자'의 방식이 있다. 증자는 자본금과 자본잉여금을 증가시키는 거래로 회계상 자산과 자본을 동시에 증가시킨다. 그리고 이와 정반대의 개념이 감자다.

감자란 자본을 감소시키는 거래로써 주식을 주주로부터 대가를 지불하고 사서 소각시키는 유상감자라는 방법과 기업에 누적된 결손금을 없애기 위해서 주주들의 자본금을 희생시키는 무상감자로 나뉜다.

감자는 그냥 할 수 없다. 기업이 마음대로 감자를 하면 필연적으로 주주들은 손해를 보게 되고 권리를 침해받을 것이다. 따라서 주식을 감자하기 위해서는 「상법」상의 절차에 따라 주주총회 특별결의를 거쳐야 한다. 감자에 대한 부분은 뒤에서 자세히 소개하겠다.

유상증자는 주식회사의 자본을 증가시키는 가장 흔한 방법이다. 증자를 한다는 것은 대부분 유상증자라고 볼 수 있다. 유상증자는 회사의 주식을 증가시킬 뿐만 아니라 회사의 자산도 증가시킨다. 주주들은 증가된 자본을 현금으로 납입하거나 현물로 납입하는데 이를 출자라고 한다. 전자를 현금출자, 후자를 현물출자라고 한다.

기업이 발행한 신주를 주주가 매입하면 회사는 순이익이 발생했을 경우에만 주주에게 배당을 주면 된다. 주식은 채권과 달리 매기 일정액의 이자를 지급하지 않아도 된다. 회사 입장에서는 비용으로 나가는 것이 없는 것이다. 이 때문에 기업 입장에서는 부채를 증가시키는 다른 방식에 비해 유상증자가 여러모로 유리한 효과를 누리는 방식이다.

호재로 인식되는
무상증자

무상증자는 별도의 납입 없이 사내유보금으로 주식을 증가시켜 주주들에게 주식을 나눠주는 방식이다. 무상증자의 재원은 보통 자본잉여금이다. 쌓여 있는 자본잉여금을 자본금으로 계정만 바꿔주는 것이 무상증자이기 때문에 실질적으로 기업의 재산이 증가하는 것은 아니다. 단지 주식 수만 늘어난다. 주식 수가 늘어나면 필연적으로 자본금도 증가한다. 주주 입장에서는 늘어난 주식 수만큼 가치도 늘어난다고 생각해 무상증자 소문이 돌면 주가가 오르는 경향이 있다. 다음은 〈이투데이〉 2022년 1월 24일 기사다.

에이프로가 100% 무상증자를 결정했다는 소식에 급등하고 있다. 에이프로는 24일 오전 9시 57분 현재 전 거래일보다 11% 이상 오른 4만 4,100원에 거래되고 있다. 에이프로는 이날 보통주 1주당 신주 1주를 배정하는 무상증자를 결정했다고 공시했다.

이처럼 무상증자는 호재인 경우가 많다. 무상증자를 하는 기업은 일반적으로 주주 가치를 증대시키기 위해서 무상증자를 한다고 발표한다. 주식 시장의 반응도 보통은 호재로 받아들인다. 그런데 권리락이란 개념이 존재하다 보니 '이게 마냥 호재가 맞나?' 하는 생각이 들 수 있다. 예를 들어 100% 무상증자를 하면 주식 수가 2배로 느는 만큼 주가는 절반으로 조정되기 때문에 이게 호재라는 게 이해되지 않을 수 있다. 권리락 자체에 호재가 녹아 있다는 것을 염두에 둘 필요가 있다. 권리락을 통해 주가가 낮아지면 일반 투자자 입장에서는 주식을 취득하는 데 드는 부담이 줄게 되고 그만큼 거래량도 늘어난다. 거래량이 늘면 시장에서 관심도 커질 것이고 그만큼 수요가 늘어남에 따라 주가가 오를 가능성도 높아질 수 있다.

☑ 무상증자는 별도의 납입 없이 사내유보금으로 주식을 증가시켜 주주들에게 주식을 나눠주는 방식이다.

☑ 쌓여 있는 자본잉여금을 자본금으로 계정만 바꿔주는 것이 무상증자이기 때문에 실질적으로 기업의 재산이 증가하는 것은 아니다.

☑ 무상증자는 호재인 경우가 많다.

감자
정복하기

주가는 유상감자 그 자체로 움직인다기보다는 유상감자의 이유와
관련 이슈를 함께 봐야 알 수 있다.

감자란 말 그대로 자본금을 감소시키는 것을 말한다. 자본금
은 주식 수에 액면가를 곱한 것이므로, 감자란 다시 말해 주식
수를 줄인다는 뜻이다. 앞서 배운 자금을 끌어오기 위해 주식
수를 늘리는 증자와는 반대되는 개념이다. 증자의 목적이 주식
을 추가로 발행함으로써 회사 경영과 사업에 필요한 자본금을
확충하는 것이라면, 감자는 주식을 소각함으로써 기업의 규모
를 줄이거나 회사의 재산상태를 조절하는 것이 그 목적이다.

증자가 방법에 따라 유상증자와 무상증자로 나뉘는 것처럼 감자도 유상감자와 무상감자로 나뉜다. 유상감자는 '실질적 감자'라고도 하며 이익잉여금을 이용해 기업이 자사의 주식을 사들여 소각하는 것이다. 흔히 말하는 '자사주 소각'이 이에 해당한다. 주식의 유통물량을 줄여서 기존 주주가 가지고 있던 주식의 가치를 올려주므로 주주에게는 배당이나 무상증자와 같이 매우 반가운 일이다. 본질적인 기업의 가치는 변함이 없지만 주식 수가 줄어들기 때문에 1주당 가치는 높아진다.

이처럼 주식 수(자본금)를 줄이는 유상감자는 주주에게 긍정적인 경우가 많지만, 일반적으로 주식 시장에서 '감자'라고 하면 주주에게 커다란 손실을 주는 무상감자를 의미한다. 장부상으로만 자본이 줄어들기 때문에 '형식적 감자'라고도 한다. 소액 투자자 중 일부는 값싸고 거래량이 많은 주식을 선호하는 경향이 있다. 하지만 주식 값이 싸고 유통물량이 많은 기업은 보통 유상증자와 CB(전환사채), BW(신주인수권부사채) 등을 통해 물량을 늘려놓은 경우가 많다. 기업이 부실해 영업을 통해서는 돈을 벌지 못하니 주식과 채권을 발행해 자금을 끌어모은 것이다. 영업으로 돈을 벌지 못하는 회사는 늘어나는 부채를 견디기 어려워 불가피하게 감자를 행한다.

결국 회사가 감자를 하는 근본적인 이유는 재무구조를 개선하고 어떻게든 떨어지는 주가를 올리려는 데 있다. 주식 수를 줄이는 것이 감자인데, 주식 수가 줄어든 데 비해 기업의 순가치가 그대로라면 주가는 오르는 것이 상식이기 때문이다. 다만 유상감자는 주주들에게 그만큼의 대가를 지불하는 것이므로, 즉 엄밀히는 회사의 현금이 사외로 유출되는 것이므로 주가 부양 효과가 없을 가능성이 있다.

유상감자라고 해서
호재인 것은 아니다

대부분 감자를 하면 주가가 상승한다고 생각하지만 유상감자를 곧바로 호재라고 단언할 수는 없다. 세종텔레콤의 경우 유상감자를 결정함에 따라 2022년 2월 8일 주가가 전 거래일 대비 약 12.67% 급등한 바 있다. 세종텔레콤은 보통주의 6.77%에 달하는 4,032만 6,126주를 소각하는 감자를 발표했고, 그 결과 하루 만에 주가가 급등했지만 이후 추세를 보면 주가가 하락 조정되었음을 알 수 있다. 결국 주가는 유상감자 그 자체로 움직인다기보다는 유상감자의 이유와 관련 이슈를 함께 봐야 알 수 있다.

금융감독원 전자공시시스템에서 주식 소각 결정에 대한 공시를 보면 유상감자와 관련해 참고할 만한 정보를 얻을 수 있다. 일반적으로 유상감자는 배당가능이익으로 자본금을 줄여 주식 수를 감소시키는데, 사실상 기업 전체의 자산과 부채는 그대로인 상태에서 이익잉여금이라는 계정과 마이너스 자본인 자기주식이라는 계정을 상계하는 모습을 취한다. 유상감자, 즉 주식의 소각 과정에서 주주에게 지불한 금액이 현재 주식 시가보다 크다면 주가가 하락할 수 있다. 왜냐하면 기업 주가보다 더 많은 돈을 유출시켜 주식 수만 줄이면 남은 주식의 가치가 그만큼 줄어들기 때문이다.

사실 유상감자 자체는 주가에 있어서 큰 이벤트가 아닐지도 모른다. 기업이 주식 수를 감소시키기 위한 의도가 이익이 많이 나서 주주 가치를 제고하기 위함이라면 몰라도 다른 이유가 있다면 주가가 하락할 가능성이 크다. 무상감자를 통해 경영 위기를 돌파한다면 장기적으로 주가가 상승하는 모습을 보일 테지만 그렇지 않을 가능성도 있다.

무상감자는 호재일
가능성이 있다

망하고 있는 회사가 사는 길이 몇 가지 있는데 그중 하나가 무상감자다. 주가가 바닥을 치고 있을 때 손실의 누적액인 결손금과 자본금을 상계하면서 주식 수를 줄여서라도 손실을 메우는 것이 무상감자이기 때문이다. 기존 주주들은 그만큼 손해를 보지만 신규 투자자 입장에선 앞으로 주가가 상승할 가능성이 있다는 신호로 여겨질 수 있다. 회사가 무상감자로 재무구조를 개선함으로써 재도약의 기회를 모색했다고 볼 수 있기 때문이다. 재무구조를 개선함과 더불어 다른 기업과의 인수합병이나 새로운 사업을 준비하는 경우 주가는 상승할 가능성이 매우 높다. 아시아나항공이 그러한 경우다.

아시아나항공은 감자 기준일인 2020년 12월 28일 전날 주식 거래가 정지되었다가 2021년 1월 15일 주식거래가 재개되었다. 무상감자로 거래 정지였다가 다시 거래가 재개되면 인위적으로 높은 가격에서 시작한다. 아시아나항공은 감자를 실시해 자본 잠식률을 50%보다 낮춰 관리종목 지정에서 벗어나 거래가 재개되었다. 일정 기간 주가는 낮은 상태를 유지했는데, 정부 정책으로 대한항공과 합병을 앞둔 상태에서 상당 기간 주가가 상승하기도 했다. 이처럼 주가는 단순히 무상감자 여부만 놓고 보는 것이 아니라 여러 관련 이슈를 함께 분석해야 그 흐름을 예측할 수 있다.

재무제표 핵심 포인트

- ☑ 감자란 말 그대로 자본금을 감소시키는 것을 말한다.
- ☑ 대부분 감자를 하면 주가가 상승한다고 생각하지만 유상감자를 곧바로 호재라고 단언할 수는 없다.
- ☑ 망하고 있는 회사가 사는 길이 몇 가지 있는데 그중 하나가 무상감자다.

주식 분할과 병합
정복하기

주식 분할과 병합이 호재인지, 악재인지는 외국인과 기관, 그리고
다양한 투자자의 반응을 보면서 해석해야 할 것으로 보인다.

　　주식 분할과 병합은 하나의 주식을 쪼개거나 합친다는 뜻이
다. 주식의 분할이란 주식 1주를 2주 이상으로 분할해 발행주
식의 총수를 증가시키는 것을 말한다. 액면 주식의 경우 단위
가 큰 증권을 여러 개의 소액 증권으로 분할하는 액면분할을
뜻하는데, 가령 액면 5천 원인 주식 1주를 액면 500원인 주식
10주로 분할하는 식이다. 단위 주식의 시가가 너무 높아 거래
가 불편할 경우 액면분할을 통해 주식 수를 증가시키는 동시에

단위 주식의 시가를 낮출 수 있다. 이 밖에 합병 절차에 있어 합병비율 결정의 편리 등을 위해 이뤄진다.

주주에게 새로운 주식이 교부된다는 점에서는 무상증자, 주식 배당과 동일하지만 무상증자, 주식 배당은 자본금이 증가한다는 점에서 주식 분할과 차이가 있다. 절차에 있어서도 무상증자는 이사회 결의를, 주식 배당은 주주총회 보통결의를 거쳐야 한다는 점에서 차이가 있다.

반면 주식의 병합은 자본금 감소 등을 위해 행해지기도 하나, 일반적으로는 자본금 감소가 없는 단순한 주식의 액면병합이라고 이해하면 된다. 그러한 의미에서 주식의 분할과 반대 개념이라고 보면 된다. 예를 들어 액면 500원인 주식 10주를 액면 5천 원인 주식 1주로 병합하는 식이다.

한때 삼성전자의 액면분할이 화제가 된 적이 있다. 액면분할 전 삼성전자는 1주당 200만 원이 넘는 대장주였다. 지나치게 높은 주가 때문에 문턱이 높아 신규 투자 유입에 어려움이 있었다. 그래서 거래 활성화를 위해 액면분할을 진행했고, 액면분할 직전 265만 원이었던 삼성전자의 주가는 1/50인 5만 3천 원으로 거래를 시작했다. 이후 꾸준히 상승해 한때 최고가 9만 6,800원을 찍기도 했다.

액면분할 당시 삼성전자 차트

　삼성전자는 액면분할로 거래량이 증가하면서 소액 주주도 대폭 증가했다. 그러나 초기에는 기대보다 주가가 증가하지 않았고 오히려 외국인의 매도가 이어져 주가가 단기적으로 크게 하락하기도 했다. 액면분할 초기에는 예상과 달리 손실을 본 투자자가 많았을 것이다. 오히려 코로나19 팬데믹의 여파로 동학개미운동이 시작되면서 삼성전자의 주가가 살아났다. 당시 소액 주주가 100만 명을 돌파했고, 개인의 순매수는 7조 원이 넘었다. 반면 외국인 순매도는 6조 원에 달했다.

　주식 분할과 병합이 호재인지, 악재인지는 외국인과 기관, 그리고 다양한 투자자의 반응을 보면서 해석해야 할 것으로 보인다.

☑ 주식 분할과 병합은 하나의 주식을 쪼개거나 합친다는 뜻이다.

☑ 무상증자, 주식 배당은 자본금이 증가한다는 점에서 주식 분할 과 차이가 있다.

☑ 주식의 병합은 자본금 감소 등을 위해 행해지기도 하나, 일반적 으로는 자본금 감소가 없는 단순한 주식의 액면병합이라고 이 해하면 된다.

감사의견
정복하기

공인회계사는 기업의 재무제표를 감사하고 적정의견, 한정의견, 부적정의견, 의견거절 등을 표명하게 된다.

내부감사 vs.
외부감사

회계감사는 내부감사와 외부감사로 나뉜다. 내부감사란 기업 내부에서 별도의 감사팀이나 내부감사인이 위험요소를 모니터링하고 자체적으로 규정에 맞게 검토하는 것을 말한다. 내부감사는 기업 내에서 이뤄지므로 객관성이 떨어질 수 있다.

한편 외부감사는 우리가 흔히 알고 있는 '회계감사'라고 할 수 있다. 국가로부터 권한을 부여받은 공인회계사(CPA)에 의해서 기업의 재무제표가 적정하게 작성되었는지를 감시받는 것을 의미한다. 외부감사는 기업회계기준과 국제감사기준, 「주식회사 등의 외부감사에 관한 법률」 등 법과 규정에 따라 엄격하게 이뤄진다.

옛날에는 공인회계사가 감사 대상 기업과 내통해 부정한 회계처리를 눈감아주거나 함께 공모해 회계부정을 저지르기도 했지만, 현재는 워낙 감독도 살벌하고 법규도 엄격해 불가능에 가깝다. 분식회계를 회계사가 눈감아줬다가는 대우그룹 사태로 인한 산동회계법인의 몰락, 미국 엔론 사태로 인한 아서앤더슨의 몰락처럼 회계법인 자체가 공중 분해될 수 있다. 당연히 회계부정을 저지른 회계사는 엄청난 벌금을 물거나 구속될 수 있다. 아니면 회계부정으로 손실을 본 주주가 쥐도 새도 모르게 회계사를 잡아가서 해를 끼칠지도 모를 일이다.

요즘에는 회계감사를 잘못한 회계사는 재기가 불가능하다는 말이 돌 정도로 회계감사가 엄격한 영역으로 발전하고 있다. 이는 곧 기업의 부정과 재무제표 분식회계를 감시해야 할 회계사들의 어깨가 더 무거워졌음을 의미한다.

회계법인의 감사의견	
구분	의미
적정	회사가 기업회계기준에 맞게 재무제표를 작성했고 감사 자료를 충분히 제공함. 재무상태가 양호하단 뜻은 아님.
한정	감사인의 감사 범위가 제한되었으며 기업회계기준 위반사항이 있지만 경미한 수준임.
부적정	중요한 사안에 대해 기업회계기준을 위배함.
의견거절	감사보고서 작성에 필요한 증거를 얻지 못해 의견 표명이 불가능. 기업의 존립에 의문이 들거나 독립성 결여로 감사가 불가능한 상황임.

재무제표에 대한
의견 제시

회계감사는 공인회계사(회계법인)가 기업의 재무제표가 기업회계기준(상장기업의 경우 국제회계기준)에 따라서 적정하게 작성되었는지를 검토해 감사의견을 제시하는 것으로 마무리된다. 공인회계사는 기업의 재무제표를 감사하고 적정의견, 한정의견, 부적정의견, 의견거절 등을 표명하게 된다. 이것이 감사의견이다.

적정의견은 공인회계사인 감사인이 감사 범위에 제한을 받지 않고 회계감사기준에 의거해 감사한 결과, 해당 기업의 재무제표가 기업회계기준에 따라 적정하게 작성해 신뢰할 수 있다고 밝힌 것이다. 재무제표에 큰 영향을 미치는 모든 사항을 공개해 오인할 여지가 없다고 확신할 때 표명하는 의견이다. 사실 우리나라 상장기업의 재무제표를 감사한 결과인 감사보고서를 보면 90% 이상이 적정의견에 해당한다. 공인회계사가 적정의견 외에 다른 의견을 주기란 정말 쉽지 않다. 다른 의견을 받으면 상장이 폐지되거나 다른 불이익을 입기 때문이다. 만약 상장폐지 절차를 밟아 주식이 휴지조각이라도 된다면 주주들은 회계법인으로 몰려와 공인회계사의 멱살을 잡을 것이다.

적정의견은 감사인이 보기에 기업이 재무제표 감사 과정에서 요구하는 자료를 성실하게 제공해 감사에 지장이 없었고, 재무제표도 국제회계기준에 맞게 잘 작성되었다는 뜻이다. 여기서 주의해야 할 점은 적정의견이 나왔다고 해서 해당 기업이 우량한 기업임을 보장하는 것은 아니며, 재무제표를 잘 작성했다고 해서 부정이나 분식회계가 전혀 없다고 할 수도 없다.

2. 한정

감사인이 수행할 수 있는 감사 범위가 부분적으로 제한된 경우 혹은 감사를 실시한 결과 기업회계기준에서 벗어난 사항이 몇 가지 있지만 재무제표에 그다지 큰 영향을 미치지 않는다고 판단한 경우 제시하는 의견이다.

한정의견은 재무제표의 작성이 전체적으로 양호한 편이지만 일부분 중요 정보가 공시되지 않았거나, 기업회계기준에 따라 작성하지 않은 부분이 있어 문제가 될 경우 제시하는 의견이다. 한정의견은 상장폐지가 되는 의견이지만 부적정의견이나 의견거절처럼 즉각적으로 폐지되는 의견은 아니다. 한정의견을 받으면 최초에는 관리종목으로 지정되고, 연속해서 두 번 한정의견을 받으면 상장이 폐지된다.

3. 부적정

기업회계기준에 위배되는 사항이 재무제표에 중대한 영향을 미쳐 기업의 경영상태가 전체적으로 왜곡되었다고 판단할 경우 감사인이 표명하는 의견이다. 부적정의견은 해당 기업의 재무제표가 기업회계기준을 전체적으로 지키고 있지 않을 때 내려진다. 회계감사를 했는데 해당 기업의 재무제표가 총체적 난국

일 정도로 작성 상태가 엉망이라는 뜻이다. 웬만해서는 부적정 의견이 나오지 않는다는 사실만 봐도 해당 의견을 받은 기업의 재무제표가 얼마나 엉터리인지 알 수 있다. 부적정의견을 받으면 즉각적으로 상장폐지되는 특징이 있다.

4. 의견거절

감사인이 감사보고서를 만드는 과정에서 필요한 증거를 얻지 못해 재무제표 전체에 대한 의견 표명이 불가능한 경우 혹은 기업의 존립에 의문을 제기할 만한 객관적인 사항이 중대한 경우 혹은 감사인이 독립적인 감사 업무를 수행할 수 없는 경우 의견거절을 하게 된다. 의견거절은 기업의 부도나 회계부정처럼 기업 운영 자체가 심각한 위기에 처해 있을 때, 감사 증거의 확보가 어려워 정상적인 회계감사가 불가능할 때 제시하는 의견이다. 기업 자체가 소위 '쓰레기'라고 판단될 경우 내려지는 의견이기에 영향력도 크다. 의견거절이 내려지면 즉각적으로 상장이 폐지된다.

재무제표 핵심 포인트

- ☑ 외부감사는 기업회계기준과 국제감사기준, 「주식회사 등의 외부감사에 관한 법률」 등 법과 규정에 따라 엄격하게 이뤄진다.
- ☑ 사실 우리나라 상장기업의 재무제표를 감사한 결과인 감사보고서를 보면 90% 이상이 적정의견에 해당한다.
- ☑ 한정의견을 받으면 최초에는 관리종목으로 지정되고, 연속해서 두 번 한정의견을 받으면 상장이 폐지된다.

재무상태표의 3요소: 자산, 부채, 자본

재무상태표를 보면 기업의 자산, 부채, 자본이 얼마인지 알 수 있다.

재무상태표의 3요소에 대해 살펴보기 전에 먼저 재무제표의 계정과목을 큰 흐름에서 살펴볼 필요가 있다. 재무제표는 크게 재무상태표, 손익계산서, 현금흐름표로 구분되는데 항목별로 보면 3가지 구성 요소를 지니고 있다. 재무상태표는 '자산' '부채' '자본', 손익계산서는 '수익' '비용' '손익', 현금흐름표는 '영업활동현금흐름' '투자활동현금흐름' '재무활동현금흐름'이 그것이다.

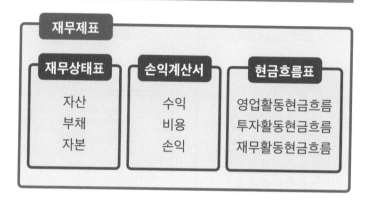

재무제표의 구성 요소

재무제표

재무상태표	손익계산서	현금흐름표
자산	수익	영업활동현금흐름
부채	비용	투자활동현금흐름
자본	손익	재무활동현금흐름

이러한 재무제표의 큰 줄기를 머릿속에 넣어두고 우선 재무상태표의 3요소(자산, 부채, 자본)부터 살펴보겠다.

재무상태표의
세부 항목

재무상태표는 사람으로 치면 지금 이 순간의 내 모습에 해당한다. 오늘날 개인은 집, 자동차, 옷, 스마트폰, 노트북 등 수많은 자산을 가지고 살아간다. 모든 자산이 순수히 내 몫인 것

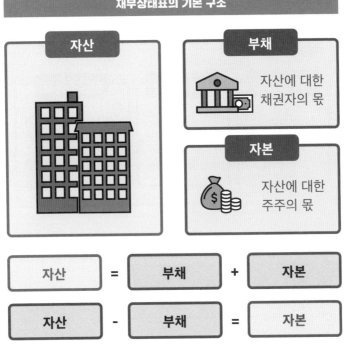

은 아니다. 집을 사기 위해 은행에서 대출을 받기도 하고, 친구로부터 돈을 빌리기도 한다. 심지어 외상값을 걸어둔 가게도 몇 군데 있을 수 있다. 이처럼 자산이 많을수록 부채도 생각보다 많을 수 있다. 내가 가진 자산에서 일부를 처분해 부채를 갚고 나면 순수한 내 몫이 남는다.

이는 기업도 마찬가지다. 기업은 건물, 재고자산, 현금 및 현금성자산, 금융자산, 무형자산, 투자부동산 등 수없이 많은 자산을 보유하고 있다. 부채도 상당히 다양한데 외상매입금, 미지급금, 사채, 장기차입금, 각종 충당부채 등이 그것이다. 자산 총계에서 부채 총계를 차감하면 기업의 자본이 나온다. 여기서 자본은 기업의 주인인 주주의 몫이다. 결국 기업의 재무상태는 기업이 가진 자산, 부채, 자본의 크기와 구성을 말한다.

기업은 본질적으로 영업활동을 통해서 지속적으로 성장해나가는 존재다. 이런 기업의 영업활동을 위해서는 투자가 필요하고, 그것을 위해 자금이 유입된다. 자금의 유입경로는 재무상태표만 봐도 명확히 알 수 있다. 경로는 2가지다. 하나는 부채를 통해 빌려오는 것이고, 다른 하나는 자본을 통해 투자자를 모집하는 것이다. 부채는 기업이 갚아야 할 의무다. 다 갚고 남은 것을 투자자인 주주가 가져가는 것이다. 그래서 자본을 '잔여지분'이라고도 한다.

재무상태표를 세부적으로 들여다보면 기업에 대한 많은 정보를 알 수 있다. 기업의 자산은 1년 이내에 현금화가 되는 유동자산과 1년 이후에 현금화가 되는 비유동자산으로 나뉜다. 부채도 마찬가지다. 1년 이내에 현금화되는 유동부채와 1년 이

재무상태표 세부 항목

자산	유동자산	현금 및 현금성자산, 매출채권(외상매출금, 받을 어음), 선급금, 재고자산, 단기대여금 등
	비유동자산	유형자산(건물, 사용목적토지, 기계장치, 차량운반구), 무형자산(특허권, 영업권, 상표권, 개발비 등), 장기금융자산(매도가능증권, 만기보유증권)
부채	유동부채	매입채무(외상매입금, 지급어음), 선수금, 미지급금, 단기차입금 등
	비유동부채	사채, 장기차입금, 퇴직급여충당금, 제품보증충당부채, 이연법인세부채 등
자본	자본금	보통주자본금(보통주 발행주식 수×액면가액), 우선주자본금(우선주 발행주식 수×액면가액)
	자본잉여금	주식발행초과금, 자기주식처분이익, 감자차익 등
	자본조정	주식할인발행차금, 자기주식, 자기주식처분손실, 감자차손 등
	기타포괄손익누계액	매도가능증권평가이익, 재평가잉여금, 해외사업장환산손익 등
	이익잉여금	임의적립금, 이익준비금, 미처분이익잉여금 등

후에 현금화되는 비유동부채가 있다. 그리고 자산에서 부채를 차감하고 남은 자본도 주주와의 거래 형태에 따라 자본금, 자본잉여금, 자본조정, 기타포괄손익누계액, 이익잉여금으로 세분화된다.

앞으로 소개하겠지만 유동자산과 비유동자산의 주요 항목을 파악하고, 유동부채와 비유동부채를 정확하게 알면 기업의 재정상태를 확실하게 파악할 수 있다. 재무상태표를 보고 총자산금액을 통해 회사의 규모를 가늠해볼 수 있으며, 부채금액과 자본금액의 구성을 통해 회사의 재무구조가 건전한지 파악할 수 있다. 또한 이익잉여금의 크기를 통해 과거 영업활동으로 내부 유보된 자금이 어느 정도인지 파악할 수 있으며, 유동자산과 유동부채를 비교해 단기 채무상환능력 등 회사의 안정성에 대한 정보를 얻을 수 있다.

재무상태표는 어디에 있을까?

재무상태표가 기업 내부 비밀이어서 구하기 힘들다고 오해하는 사람이 생각보다 많다. 주식 시장에 상장되어 있는 회사나 이해관계자가 많은 대규모 회사는 재무제표를 일반 대중에게 공개하도록 법이 강제하고 있다. 법에는 외부감사 대상 기준부터 감사인 지정에 관한 사항까지 상세히 명시되어 있다. 이렇

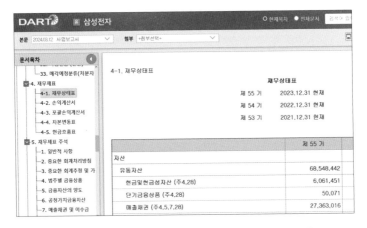

금융감독원 전자공시시스템에서 확인 가능한 삼성전자의 재무상태표

게 공개된 정보를 누구나 쉽게 인터넷을 통해 구할 수 있다.

「주식회사 등의 외부감사에 관한 법률」에 의해 일정 규모 이상의 기업은 회계감사를 받아야 하며, 사업보고서와 감사보고서를 금융감독원 전자공시시스템에 공개하도록 되어 있다. 따라서 금융감독원 전자공시시스템에 접속하기만 하면 다양한 기업의 재무제표를 입수하는 것은 식은 죽 먹기다.

금융감독원 전자공시시스템 공시통합검색에서 '삼성전자'를 입력하면 여러 관련 정보가 검색된다. 좀 더 구체적으로 사업보고서만 찾고 싶다면 '정기공시' 체크박스를 클릭하고 검색하면 된다. 가장 최근에 공시된 사업보고서를 누른 다음 왼쪽 메뉴 중 '재무제표'를 클릭하면 우리가 원하는 재무상태표를 확인할 수 있다. 재무상태표를 보면 기업의 자산, 부채, 자본이 얼마인지 알 수 있다.

만약 금융감독원 전자공시시스템에 자료가 나오지 않는 기업이라면 기업의 공식사이트에서 관련 자료를 찾으면 된다. 웬만한 기업은 자사 사이트에서 IR 자료를 공시하고 있다. 외부 투자를 유치하기 위해서라도 기업은 자신을 홍보해야만 한다. 그래서 공식사이트에서 재무상태나 경영 성과를 자체적으로 공시하는 경우가 많다.

재무제표 핵심 포인트

- ☑ 기업의 재무상태는 기업이 가진 자산, 부채, 자본의 크기와 구성을 말한다.
- ☑ 기업의 영업활동을 위해서는 투자가 필요하고, 그것을 위해 자금이 유입된다. 자금의 유입경로는 재무상태표만 봐도 명확히 알 수 있다.
- ☑ 상장되어 있는 회사나 이해관계자가 많은 대규모 회사는 재무제표를 일반 대중에게 공개하도록 법이 강제하고 있다.

자산
정복하기

자산의 이름은 회계적으로 '미래 경제적 효익의 유입'이고, 법률적으로는 '권리'라고 볼 수 있다.

재무상태표 등식에 의하면 자산은 부채와 자본의 합과 같다. '자산=부채+자본'이 자산을 붙잡고 있는 논리인 것이다. 그런데 자산 그 자체로는 더 큰 의미가 있다. 자산은 부채와 자본을 통해서 끌어온 자금으로 기업을 먹여 살리는 존재이기 때문이다. 자산의 이름은 회계적으로 '미래 경제적 효익의 유입'이고, 법률적으로는 '권리'라고 볼 수 있다. 이러한 자산은 1년을 기준으로 유동자산과 비유동자산으로 구분된다. 1년 이내에 현금화

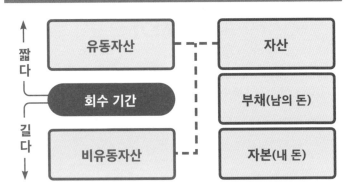

되면 유동자산이며, 1년 이후에 현금화되면 비유동자산에 해당한다.

자산=유동자산+비유동자산

자산은 내 돈이라고 할 수 있는 '자본'과 남의 돈이라고 할 수 있는 '부채'를 끌어다가 만들어진다. 기업 입장에서는 이러한 자산을 그냥 모셔두는 건 말이 안 된다. 기업의 제1의 목적은 이윤 추구이기 때문에 기업은 자산을 굴리고 또 굴린다. 자산의 일부분은 기계장치를 사서 제품을 생산하고 일부는 건물을 취득해서 임대를 준다. 또 일부 자산은 되팔기 위해서 보유하고 일부 자산은 금융소득을 창출하기 위해서 보유한다. 이렇게 다양한 목적으로 자산을 보유하면서 경제적 효익(이윤)을 창출한다.

이윤 창출에 쓰이는 자산을 그냥 관리할 수는 없다. 구분해서 관리를 해야 하고 일정한 기준을 설정할 필요가 있다. 회계에서는 재무상태표상 자산을 유동성에 따라 구분한다. 기준은 1년이다. 1년 안에 현금화되면 유동자산, 1년 안에 현금화가 되지 않으면 비유동자산이다.

유동자산이란
무엇인가?

유동자산은 기업이 1년 안에 현금화할 수 있는 자산으로, 기업에게는 파산을 방지할 수 있는 최후의 보루다. 금융위기가 터질 때 버티는 기업은 그나마 유동자산이 풍부한 기업이다. 유동자산이 유동부채보다 적은 경우 유동성 위기가 왔다고 표현하는데, 이는 갚아야 할 빚은 많은데 처분해서 갚을 수 있는 자원은 부족하다는 뜻이다. 만약 투자자라면 유동자산이 지나치게 적은 기업은 피하는 것이 좋다. 그러한 기업은 언제 유동성 위기를 맞아 파산할지 모르기 때문이다.

현금 및 현금성자산은 유동자산 중에서도 가장 유동성이 높은 항목이다. 현금은 기업 입장에서는 어떠한 수익을 창출해주지 못하며 다른 자산으로 바꿔서 보유해야 수익을 창출할 수 있다. 그래서 현금이 지나치게 많은 것도 좋은 신호는 아니다. 일반적으로 기업은 현금의 이러한 특성 때문에 주식이나 단기 채권을 구입해서 보유한다. 이것이 단기금융자산이다.

유동자산 중에서 영업활동으로 인해서 보유하는 게 재고자산과 매출채권이다. 재고자산은 원재료, 재공품, 반제품, 제품, 상품 등이 있다. 상품은 물건을 사서 팔아 이득을 챙기는 상기업의 재고자산이고 나머지는 제조기업에서 볼 수 있는 재고자산이다. 매출채권은 물건을 팔고 아직 받지 못한 '받을 돈'이라고 볼 수 있다.

유동자산은 비유동자산에 비해 안정성은 높지만 수익성은 높지 않다. 수익성을 내기 위해서는 고정자산과 같은 투자성 자산을 보유해야 한다. 따라서 유동자산이 많다고 반드시 좋다는 신호로 해석할 수만은 없다.

비유동자산이란
무엇인가?

비유동자산은 1년 이내에 현금화가 가능하지 않은 자산이다. 옛날에는 고정자산이라는 용어로 사용되었는데 현재는 비유동자산이라 표현하고 있다. 고정자산이란 표현은 국제회계기준을 번역하는 과정에서 생긴 용어로 보인다. 비유동자산은 유형자산과 무형자산, 투자자산, 장기금융자산, 기타비유동자산으로 구분된다. 그냥 자산 전체에서 유동자산이 아닌 나머지를 비유동자산이라고 생각해도 무방하다.

유형자산은 기업이 가지고 있는 토지, 건물, 설비, 기계장치 등을 말한다. 유형자산은 눈에 보이는 물리적 실체가 있다는 것이 특징이다. 게다가 단기간 내에 처분이 쉽지 않다. 보통 금액도 다른 자산에 비해서 크다. 유형자산은 토지를 제외하고는 매년 가치가 감소한다. 사용할수록 마모되어 없어지거나 진부화되기 때문이다. 따라서 그 형태를 반영해서 감가상각을 해줘야 한다.

한편 무형자산은 특허권, 디자인권, 실용신안권, 상표권, 개발비, 영업권 등 다양한 종류가 있다. 무형자산의 특징은 물리적 실체가 없고 눈에 보이지 않는다는 것이다. 눈에 보이지 않기 때문에 최소한 다른 자산과 구별은 되어야 한다. 이를 회계에서는 '식별가능성'이라는 용어로 표현한다. 무형자산은 자산으로 인정받기 위해 엄격한 요건을 적용한다.

투자부동산과 장기금융자산은 시세차익이나 보유하면서 배당, 임대료, 이자수익 등을 취할 목적으로 보유하는 자산이다. 삼성물산만 하더라도 에버랜드를 비롯해 용인에 수많은 땅을 보유하고 있는 상황이다. 남는 자금을 현금으로 보유하는 것만큼 비효율적인 것은 없다. 기업은 현금을 방치하지 않고 장기자산에 투자해 이윤을 취한다.

놓쳐선 안 될
자산에 대한 주석

자산에 대한 주석을 보는 것은 영업활동의 핵심을 보는 것과 같다. 일반적으로 관심을 가지고 있는 종목에 투자할 때 피상적인 소문만 듣고 투자하는 경우가 많다. 자산에 대한 주석이 중요한 이유는 뉴스나 기업 공식사이트에도 없는 기업의 자산

6. 매출채권 및 기타채권

6.1 보고기간말 현재 매출채권 및 기타채권의 채권액과 대손충당금은 다음과 같습니다.

(단위: 천원)

구분	당기말			전기말		
	채권액	대손충당금	장부금액	채권액	대손충당금	장부금액
매출채권	37,704,131	(262,879)	37,441,252	27,298,493	(571,146)	26,727,347
유동 기타채권	327,388	–	327,388	15,111,757	–	15,111,757
비유동 기타채권	394,790	–	394,790	379,488	–	379,488

6.2 보고기간말 현재 기타채권의 내역은 다음과 같습니다.

(단위: 천원)

구 분	당기말	전기말
유동 기타채권:		
미수금	274,735	2,259,351
미수수익	18,879	179,578
단기대여금	33,774	12,672,828
소계	327,388	15,111,757
비유동 기타채권:		
보증금	394,790	379,488

6.4 당기 및 전기 중 매출채권및 기타채권 대손충당금의 변동내역은 다음과 같습니다.

(단위: 천원)

구 분	당기		전기	
	매출채권	미수금	매출채권	미수금
기초	571,146	–	1,253,072	–
증가	–	37,969	–	–
감소	(308,267)	(37,969)	(681,926)	–
기말	262,879	–	571,146	–

후성 감사보고서 '매출채권 및 기타채권' 부문

에 대한 정보를 알 수 있기 때문이다. 주석을 확인해야 기업의
속사정을 제대로 알 수 있다.

일반적으로 주석에는 재무제표에 나타난 숫자에 대한 부연
설명을 기재한다. 그 내용을 보면 구체적인 사정을 쉽게 파악할

수 있다. 예를 들어 후성이란 기업에 투자할지 말지 고민하고 있다고 가정해보자. 금융감독원 전자공시시스템에서 회사명을 '후성'으로 검색해 감사보고서를 살펴보면 자세한 재무 정보를 얻을 수 있다. 2022년 3월 21일 후성의 감사보고서를 살펴보면 주석에 생각보다 유용한 투자 정보가 숨어 있음을 알 수 있다. 신용건전성에 대한 부분을 보면 회사가 보유하고 있는 현금 여력과 예금 등의 관리 상황을 알 수 있다.

영업활동으로 받을 돈인 매출채권이 잘 회수되고 있는지도 알 수 있다. 후성의 감사보고서를 보면 대손충당금 추이를 알 수 있다. 대손충당금은 거래처로부터 돈을 떼먹힐 가능성을 염두에 두고 미리 부채로 잡아둔 것을 말한다. 그런데 이 종목은 대손충당금이 감소하고 있으니 당연히 매출채권 회수가 원활하다는 의미다. 즉 영업활동이 원활한 종목이라고 볼 수 있다.

재고자산은 영업활동을 위해 보유하고 있는 핵심 자산이라고 볼 수 있다. 당기말 재고자산 내역과 전기말 재고자산 내역을 보면 당기에 재고자산이 증가한 것을 알 수 있다. 재고자산을 늘려 생산을 확대한 것으로 해석할 수 있다.

이처럼 자산에 대한 구체적인 내용은 재무제표의 주석을 보면 알 수 있으니 참고하기 바란다.

7. 재고자산

보고기간말 현재 회사의 재고자산 내역은 다음과 같습니다.

(1) 당기말

(단위: 천원)

구 분	취득원가	평가충당금	재무상태표가액
상품	9,096,765	(315,715)	8,781,050
제품	16,549,449	(467,762)	16,081,687
재료	17,338,697	–	17,338,697
저장품	840,044	–	840,044
미착품	3,472,571	–	3,472,571
기타의재고자산	360,750	–	360,750
합계	47,658,276	(783,477)	46,874,799

(2) 전기말

(단위: 천원)

구 분	취득원가	평가충당금	재무상태표가액
상품	2,744,951	(41,677)	2,703,274
제품	13,052,273	(948,651)	12,103,622
재료	5,939,859	(144,172)	5,795,687
저장품	1,000,299	–	1,000,299
미착품	972,794	–	972,794
합계	23,710,176	(1,134,500)	22,575,676

후성 감사보고서 '재고자산' 부문

☑ 재무상태표 등식에 의하면 자산은 부채와 자본의 합과 같다. '자산=부채+자본'이 자산을 붙잡고 있는 논리인 것이다.

☑ 유동자산은 기업이 1년 안에 현금화할 수 있는 자산으로, 기업에게는 파산을 방지할 수 있는 최후의 보루다.

☑ 비유동자산은 유형자산과 무형자산, 투자자산, 장기금융자산, 기타비유동자산으로 구분된다. 그냥 자산 전체에서 유동자산이 아닌 나머지를 비유동자산이라고 생각해도 무방하다.

부채
정복하기

부채는 기업의 '빚'이다. 미래에 갚아야 하는 의무라고 할 수 있다.

  인간은 누구나 빚을 지고 있다. "나는 빚이 없는데요?"라고
반문할 수 있지만 그렇지 않다. 마음의 빚도 빚이 아니던가. 기
업에게 무언가 갚아야 할 의무인 빚은 부채라는 용어로 표현된
다. 부채는 기업의 '빚'이다. 미래에 갚아야 하는 의무라고 할 수
있다. 부채는 미래의 경제적 효익의 유출이라고도 표현한다. 자
산이 유동자산과 비유동자산으로 나뉘듯이 부채도 유동부채
와 비유동부채로 나뉜다. 그 기준은 자산과 마찬가지로 1년이

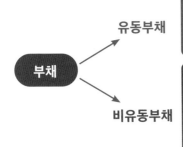

	유동부채	매입채무, 선수금, 미지급금, 단기차입금 등
부채	비유동부채	사채, 장기차입금, 퇴직급여충당금, 제품보증충당부채, 이연법인세부채 등

다. 물론 정상영업주기 이내에 현금화가 된다면 유동부채에 해당하지만 실무상 그냥 1년을 많이 쓴다.

부채는 갚아야 할 의무에 해당한다. 언젠가는 그 의무를 다해야 한다. 그 '언젠가'에 해당하는 것이 상환기간 혹은 변제기간이다. 그 기간이 1년 이내인 유동부채는 좀 급하게 갚아야 하는 항목이다. 급한 만큼 위험하다. 왜냐하면 빨리 갚기 위해서 자산을 희생해야 할 수도 있기 때문이다. 유동자산인 현금이 풍부하다면 해당 자산으로 유동부채를 상환하면 좋겠지만 보통 현금이 그만큼 많기는 힘들다. 현금이 부족한 경우 다른 유동자산을 처분해야 한다. 상황이 어려워지면 부동산을 처분해야 할지도 모른다. 상대적으로 의무기간이 넉넉한 비유동부채는 기업의 안정성을 위협하지는 않는다. 다만 이자 부담이 있을 뿐이다.

유동부채는 그 종류가 다양하다. 주로 미지급금, 단기차입금, 외상매입금, 지급어음 등에서 만기가 1년 이내에 도래하는 것이 유동부채다. 이 중 미지급금은 재고자산이 아닌 건물이나 기계장치 등을 구입하고 아직 대금을 지불하지 않은 채무다. 단기차입금은 금융기관이나 타인으로부터 돈을 빌린 것이다. 그것도 1년 이내에 갚는 조건으로 빌린 채무다. 빨리 갚아야 하는 채무인 만큼 관리가 필요하다. 한편 외상매입금이나 지급어음은 기업이 재화나 서비스를 제공하고 아직 돈을 갚지 않은 것이다. 외상매출금의 반대라고 보면 된다. 대금을 최대한 빨리 갚아야 하기에 유동부채다.

비유동부채는 사채, 장기차입금, 장기매입채무 등 상환기간이 긴 채무를 말한다. 사채는 기업이 발행한 채무증권이다. 만기가 되기 전에 일정 기간 이자를 지급하고 만기에 액면가액을 일시에 상환한다. 장기차입금은 금융기관에서 장기간에 걸쳐 원리금을 상환하는 조건으로 돈을 빌린 것이다. 보통 담보를 잡고 이자도 높다. 장기매입채무는 장기간에 걸쳐서 분할상환하는 게 일반적이다. 우리가 알고 있는 장기할부구입액이 이런 종류의 채무다.

기업의 리스크를 나타내는 충당부채

충당부채는 지급해야 할 예상금액을 부채로 인식한 것이다. 이는 충당부채의 정확한 정의를 보면 확실히 알 수 있다. 충당부채란 과거 사건의 결과로 현재 의무가 있으며, 지출시가와 금액이 불확실하나 그 의무를 이행하기 위한 자원의 유출 가능성이 매우 높고, 그 금액을 신뢰성 있게 추정할 수 있는 부채를 의미한다. 정의가 좀 길지만 미래에 발생할 수 있는 자금 유출을 불확실하게나마 추정해 장부에 기록하는 것이라고 이해하면 된다.

포스코의 재무제표 주석상 충당부채 내역을 보면 충당부채가 상당한 불확실성을 내재하고 있음을 알 수 있다. 우리가 일반적으로 보기 힘든 '상여성충당부채'라는 항목이 눈에 띈다.

19. 충당부채

(1) 당기말과 전기말 현재 당사의 충당부채 내역은 다음과 같습니다.

(단위: 백만원)

구 분	제 48(당) 기		제 47(전) 기	
	유동부채	비유동부채	유동부채	비유동부채
상여성충당부채(주1)	7,271	–	8,423	–
복구충당부채(주2)	15,569	21,543	39,336	31,063
소송충당부채(주3)	–	411	–	411
합 계	22,840	21,954	47,759	31,474

(주1) 임원에 대하여 경영실적을 추정하여 연간 기본 연봉의 100% 한도 내에서 산정하고 있습니다.

(주2) 강릉시에 위치한 당사의 마그네슘 제련공장 인근 토지가 오염되어, 오염된 토지를 복구하기 위한 추정비용의 현재가치를 충당부채로 인식하였습니다. 추정비용을 산정하기 위해 당사는 현재 사용 가능한 기술 및 자재들을 사용하여 토지 오염율 복구할 것이라는 가정을 사용하였으며, 당 비용의 현재가치 평가를 위한 할인율은 2.67%를 사용하였습니다.

(주3) 당기 중 당사가 피소되어 있는 소송 중 승소가능성이 패소가능성보다 높지 않다고 판단되는 소송에 대해 충당부채를 설정하였습니다.

포스코 재무제표 주석 '충당부채' 내역

72억 원 정도인 것으로 보아 작은 액수는 아니다. 해당 부채는 임원에게 보너스를 주기 위해 미리 설정하는 부채다.

'복구충당부채'라는 계정은 강릉시에 위치한 공장 인근 토지가 오염되어 포스코가 나중에 복구할 비용을 추정해서 미리 부채로 잡은 것이다. 재미있는 점은 먼 미래에 기술력을 추정해 얼마나 비용이 들 것이라고 예측한 결과를 회사 나름대로 현재가치로 환산해 부채로 계상했다는 사실이다. 포스코의 회계담

당자는 참 유식한 것 같다. 현재 가치에 사용한 2.67% 이자율은 어디서 나온 것인지 잘 모르겠지만 아마 시중금리와 위험성을 반영한 것이 아닐까 사료된다.

이처럼 충당부채는 재무제표에서 가장 애매하고 그 금액을 구하기 위해서는 고도로 전문적인 기법을 사용해야 하는 항목이다. 물론 실무에서는 시중금리와 경제 상황 등을 추정해서 감각적으로 금액을 산정하는 경우가 많지만 그래도 전문가적 판단이 중요한 항목이다.

재무제표 핵심 포인트

- ☑ 부채는 갚아야 할 의무에 해당한다. 언젠가는 그 의무를 다해야 한다. 그 '언젠가'에 해당하는 것이 상환기간 혹은 변제기간이다.
- ☑ 유동부채는 그 종류가 다양하다. 주로 미지급금, 단기차입금, 외상매입금, 지급어음 등에서 만기가 1년 이내에 도래하는 것이 유동부채다.
- ☑ 비유동부채는 사채, 장기차입금, 장기매입채무 등 상환기간이 긴 채무를 말한다.

자본
정복하기

자본은 기업의 자산에서 부채를 차감한 나머지를 나타내는 계정
이다.

자본은 기업의 자산에서 부채를 차감한 나머지를 나타내는
계정이다. 모든 자산에서 부채를 갚고 남은 순자산이 자본이며
자본은 기업의 주인인 주주에게 귀속된다. 앞서 자본을 '자산-
부채'라고 언급한 바 있다. 한마디로 잔여재산인 것이다.

기업은 자산을 굴려서 영업을 하고 수익을 창출하면서 몸집
을 키워나간다. 이 과정에서 매년 자산 규모는 성장한다. 이때
부채가 일정하다면 자산에서 부채를 갚고 남은 순자산은 모두

주주에게 귀속된다. 주주가 회사의 주인이기 때문이다.

자본은 자산에서 부채를 뺀 나머지로 정의되지만 주주와의 거래 형태에 따라서 자본금, 자본잉여금, 자본조정, 기타포괄손익누계액, 이익잉여금으로 세분화된다. 이 구성 요소는 주식회사의 주인이 가져갈 몫이지만 그 탄생의 기원은 각기 다르다.

먼저 자본금은 '주식 액면금액×발행주식 수'로 정의된다. 즉 주식을 발행할 때 액면금액의 합계를 의미한다. 자본금은 주식대금의 납입액이 아니다. 보통 주식대금의 납입액은 액면금액보다 크다. 정말 비전이 없는 기업이 아닌 이상 주가는 액면보다 크게 형성되기 마련이다. 그래서 자본금은 전체 발행가액에 비해 작은 것이 일반적이다.

자본잉여금은 주주와의 거래에서 기업이 주주로부터 이득을 취한 것을 말한다. 구체적으로 어떻게 기업이 주주와의 거래에서 이득을 취할 수 있을까? 그 대표적인 사례가 '주식발행초과금'이다. 주식을 발행할 때 기업은 액면가액보다 비싼 값을 납입금액으로 제시한다. 그럼 납입대금이 액면금액을 초과하게 되는데, 주주에게 주식을 발행하면서 액면가보다 많은 액수를 받기 때문에 기업 입장에서는 이득이다.

가령 '상빈'이라는 주식회사가 있다고 가정해보자. 이 기업은

1월 1일 주주들에게 주식을 1주당 1만 원씩에 100주를 발행했다. 그런데 주식의 액면금액은 1주당 5천 원이다. 이 경우 자본금은 50만 원(100주×5천 원)이고, 주식발행초과금은 50만 원(100주×1만 원-50만 원)이다. 주식발행초과금은 액면금액을 초과해서 주식을 발행함으로써 기업이 이득을 본 부분이라고 생각하면 이해가 쉽다.

자본조정은 자본의 마이너스 항목이라고 보면 된다. 예를 들어 자기주식이 대표적인 항목인데, 기업이 발행한 주식을 다시 사들이면 기업 자신이 자기를 지배하는 꼴이 된다. 따라서 이때는 「상법」상 의결권과 배당수취권이 사라진다. 내가 나를 지배할 수 없기 때문이다. 이 경우 자본금은 이미 발행주식이 있기 때문에 플러스로 남고, 다시 산 자기주식은 아무런 권리가 없는 종이조각이므로 마이너스로 기록된다. 이게 자본조정이다.

이렇듯 주주와의 거래에서 발생하는 것이 자본금, 자본잉여금, 자본조정이다. 이러한 주주와의 거래를 '자본거래'라고 한다. 자본은 주주와의 거래로 변동한다. 그렇다고 주주와의 거래만 있는 것은 아니다.

기업은 본질적으로 외부 이해관계자들로부터 영업활동을 한

대차대조표

다. 이 과정에서 수익과 비용이 발생하고 당기순이익이 창출된다. 물론 아직 실현되지 않은 이익인 미실현이익도 발생한다. 미실현이익이란 토지의 평가차액처럼 아직 판매 과정을 거치지 않아 손익으로 현실화되지 않은 손익을 말한다. 이런 손익이 바로 기타포괄손익이다. 이처럼 외부와의 거래는 회계상 '손익거래'라고 부른다. 손익거래의 결과가 누적된 것이 이익잉여금과 기타포괄손익누계액이다.

자본금과
자본잉여금

자본금은 주주가 기업에 납입한 자금 중 「상법」에서 '자본금'으로 인정한 것을 의미한다. 자본금은 '주식 액면금액×발행주식 수'로 계산한다. 액면가의 의미상 회사가 채권자를 위해 최소한 보유해야 할 자본을 의미하기도 한다. 참고로 2012년에 「상법」이 개정되면서 무액면주 발행이 허용되어 이제는 액면가액이 없는 주식도 발행되고 있다. 무액면주는 액면이 없는 주식이기 때문에 발행가액을 기업에서 임의로 설정해서 발행할 수 있다는 장점이 있다.

주식은 기본적으로 2가지 종류로 나뉜다. 하나는 보통주고 다른 하나는 우선주다. 보통주는 기업에서 일반적으로 발행하는 기본적인 소유권을 나타내는 주식인 반면, 우선주는 특정 사항에 관해 보통주에 비해 우선적인 권리가 부여된 주식을 말한다. 우선주는 이익배당이나 잔여재산분배 등에 우선권을 가지지만 이익에 대해서 우선권을 가지는 만큼 의결권 행사는 법적으로 제한된다.

주식의 발행은 기업에서 액면가보다 비싸게 발행하는 '할증

발행'이 있고, 액면가보다 싸게 발행하는 '할인발행', 그리고 액면가대로 발행하는 '액면발행'이 있다. 할증발행의 경우 기업 입장에서는 액면가보다 돈이 더 들어오므로 주주와의 거래에서 이득을 보게 된다. 따라서 자본잉여금의 항목으로 계상된다. 한편 할인발행의 경우 액면가보다 기업에 유입되는 자금이 적기 때문에 주주와의 거래에서 상대적으로 손실을 보게 된다. 따라서 자본조정으로 기록된다. 그리고 주식을 발행하는 과정에서 증권사 수수료나 부대비용이 들어가는데, 이러한 주식발행비는 주식발행가액에서 차감한다.

자본잉여금은 기업이 주주와의 거래에서 이득을 본 계정이다. 이러한 자본잉여금에는 주식발행초과금, 감자차익, 자기주식처분이익이 있다.

주식발행초과금은 회사의 설립이나 유상증자 과정에서 액면금액을 초과해 납입된 금액을 말한다.

감자차익은 자본금을 감소시키는 과정에서 액면가보다 싸게 주식을 매입해 소각하면서 발생한 이익을 말한다. 감자는 유상감자와 무상감자가 있다. 유상감자는 자본구조 개선을 위해서 유상으로 주주로부터 주식을 사서 소각하는 것을 말하며, 무상감자는 누적된 결손금을 보전하기 위해 자본금을 감소시키

자본잉여금의 개념

의미		자본의 증가분 중 법정자본금(액면가액)을 초과하는 잉여금	
특징		자본거래 시 발생하므로 손익계산서를 거치지 않고 바로 자본계정에 가감	
종류	주식발행 초과금	회사의 설립 또는 증자 시 액면금액을 초과해 납입된 금액	
	감자차익	자본금 감소 시 발생하는 이익	
		유상감자 (실질감자)	• 액면금액과 환급금액을 비교해 회계처리 • (차)자본금 500 (대)현금 450 감자차익 50
		무상감자 (형식감자)	• 누적된 결손금을 보전하기 위해 자본금 감소 • (차)자본금 500 (대)이월결손금 450 감자차익 50
	자기주식 처분이익	자사가 발행한 주식의 매입 또는 증여로 발생한 이익	

는 것을 말한다. 결손이 누적되었다는 것은 매년 손실이 발생해 이익잉여금이 마이너스라는 의미다. 이를 해소하기 위해 주주들의 주식을 강제로 소각하는 것이 무상감자인데, 이 과정에

서 기업은 손실의 감소라는 이득을 얻는다. 이게 감자차익이다.

자기주식처분이익은 자사가 발행한 주식을 매입하거나 또는 증여로 발생한 이익을 말한다. 자기주식은 기업이 발행한 주식을 다시 취득하는 것이므로 아무런 법적 권리가 없다. 따라서 자본의 마이너스 항목인 자본조정으로 분류되는 항목이다. 그러나 자기주식을 취득할 때 가격보다 비싸게 주주들에게 팔 경우 처분이익이 발생하는데 이를 자기주식처분이익이라고 한다.

재무제표 핵심 포인트

☑ 자본은 자산에서 부채를 뺀 나머지로 정의되지만 주주와의 거래 형태에 따라서 자본금, 자본잉여금, 자본조정, 기타포괄손익누계액, 이익잉여금으로 세분화된다.

☑ 주주와의 거래에서 발생하는 것이 자본금, 자본잉여금, 자본조정이다. 이러한 주주와의 거래를 '자본거래'라고 한다.

☑ 미실현이익이란 토지의 평가차액처럼 손익으로 현실화되지 않은 손익을 말한다. 이런 손익이 바로 기타포괄손익이다. 이처럼 외부와의 거래는 회계상 '손익거래'라고 부른다.

손익계산서
분석하기

손익계산서는 기업의 경영 성과를 보여주는 재무제표다. 일정 기간
발생한 수익, 비용, 수익과 비용의 차액인 순이익을 보여준다.

　앞서 재무상태표를 통해 기업의 규모와 재무구조를 파악할
수 있었다. 재무비율을 다루는 2장에서는 본격적으로 좋은 기
업인지, 나쁜 기업인지 따져보는 작업을 할 것이다. 그 전에 손
익계산서를 통해 기업의 수익성을 따져볼 차례다.
　손익계산서는 영업 기간 중 발생한 수익과 비용을 대응시켜
경영 분석의 기본적 정보를 제공하는 표다. 일정 기간 동안의
기업의 경영 성과를 보여주는 재무제표로 해당 기간 발생한 수

익, 비용, 수익과 비용의 차액인 순이익을 보여준다. 여기서 계산된 순이익은 주주에게 배당을 줄 수 있는 재원으로 재무상태표상 이익잉여금으로 흘러들어간다.

손익계산서의
구성

손익계산서는 크게 보면 '수익-비용=순이익'으로 구성되어 있다. '수익'은 기업이 번 돈을 의미하고, '비용'은 기업이 돈을 벌기 위해 쓴 돈을 의미한다. '순이익'은 기업이 올해 벌고 남긴 돈을 의미한다. 손익계산서는 일정 기간 기업이 벌어들인 수익과 비용을 통해서 얼마나 남겼는지 순이익을 따지는 작업을 보여준다. 여기서 손익계산서만의 구성 항목을 구체적으로 살펴보면 이렇다.

1. 매출액

우선 맨 위에 매출액이 있다. 이 매출액이라는 녀석은 기업의 주된 영업활동으로 벌어들인 수익을 의미한다. 만약 기업이 서

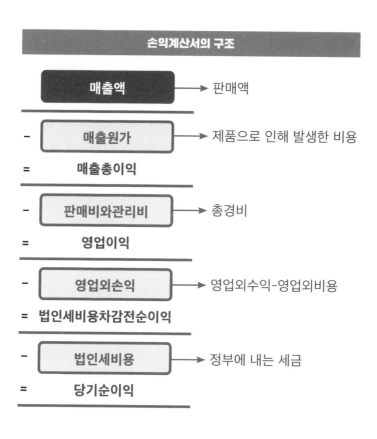

손익계산서의 구조

	매출액	→ 판매액
−	**매출원가**	→ 제품으로 인해 발생한 비용
=	**매출총이익**	
−	**판매비와관리비**	→ 총경비
=	**영업이익**	
−	**영업외손익**	→ 영업외수익-영업외비용
=	**법인세비용차감전순이익**	
−	**법인세비용**	→ 정부에 내는 세금
=	**당기순이익**	

비스업이라면 물건을 팔아서 벌어들인 수익은 부수입이므로 영업외수익이 될 것이다. 이런 기업에게 매출액은 서비스를 제공하고 벌어들인 수익이다.

2. 매출원가

매출원가는 매출액을 벌어들이는 일에 직접 대응되는 비용이다. 판매기업에게는 그 물건의 원가가 될 것이고, 서비스 기업에게는 매출액에 직접 기여한 노무비일 것이다. 컨설팅 실무에서 매출액의 일정 비율로 매출원가를 계산할 때가 많은데 이를 '매출원가율'이라고 부른다.

3. 매출총이익

매출총이익은 매출액에서 매출원가를 차감한 금액이다. 매출총이익은 매출을 통해서 당장 남긴 돈이라고 보면 된다. 매출총이익에서 시작해서 각종 부수적 비용을 뺄 준비를 하기 때문에 이름은 총이익이지만 수익과 같은 개념이라고 보면 된다.

4. 판매비와관리비

판매비와관리비는 영업활동에 기여한 매출원가를 제외한 모든 비용이라고 보면 된다. 물건을 파는 기업의 경우 물건의 원가가 매출원가라면 그 물건을 홍보하고 광고하는 비용, 사무실을 운영하는 비용, 접대하는 비용 등은 모두 판매비와관리비에 해당한다.

5. 영업이익

영업이익은 매출총이익에서 판매비와관리비를 차감한 영업
활동에서 벌어들인 이익이라고 볼 수 있다. 영업이익은 영업활
동의 직접적인 결과물이기 때문에 증가 추세에 있다면 그 기업
의 사업성이 좋다고 볼 수 있다. 영업활동을 잘하는 기업일수
록 영업이익이 높고 매기 증가한다.

6. 영업외손익

영업외손익은 영업활동과 관련이 없는 손익이다. 예를 들어
자금을 조달하는 과정에서 발생한 이자 비용은 영업외비용이
다. 반대로 이자 수익은 영업외수익이라고 할 수 있다. 물론 금
융업을 영위하는 기업에게는 이것이 주된 영업활동이기에 이
자수익이 매출액이 될 수 있지만 그 외 모든 기업에게는 영업외
손익 항목에 포함된다.

7. 법인세비용차감전순이익

법인세비용차감전순이익은 영업이익에서 영업외수익은 더하
고 영업외비용은 차감해서 구한다. 다른 말로 세전이익이라고
하는데 법인세비용을 계산하기 전 이익의 개념이다.

8. 당기순이익

당기순이익은 결국 매출액에서 모든 경제 주체에게 비용을 귀속시키고 주주에게 귀속되는 남은 이익을 일컫는다. 당기순이익은 재무상태표에서 이익잉여금 항목으로 대체되며 주주에게 배당금을 줄 수 있는 재원이 된다.

손익계산서도 재무상태표와 마찬가지로 재무제표의 일종이다. 따라서 기업의 재무제표를 공시하는 금융감독원 전자공시시스템에서 확인할 수 있다.

재무제표 핵심 포인트

- ☑ 손익계산서는 영업 기간 중 발생한 수익과 비용을 대응시켜 경영 분석의 기본적 정보를 제공하는 표다.
- ☑ 손익계산서는 크게 보면 '수익-비용=순이익'으로 구성되어 있다.
- ☑ 손익계산서는 일정 기간 기업이 벌어들인 수익과 비용을 통해서 얼마나 남겼는지 순이익을 따지는 작업을 보여준다.

현금흐름표
분석하기

다른 모든 재무제표는 '발생주의' 원칙에 따라서 작성되는 반면, 현
금흐름표는 '현금주의' 원칙을 토대로 작성된다는 특징이 있다.

현금흐름표는 재무제표에서 기업이 현금을 어떻게 창출했고
사용했는지 보여주는 역할을 한다. 현금흐름표에서 세분하는
활동은 영업활동, 투자활동, 재무활동이다. 다시 말해 현금흐름
표는 기초 현금액에서 영업활동현금흐름, 투자활동현금흐름, 재
무활동현금흐름을 가감해 기말 현금액을 구하는 일련의 과정
을 표로 만든 것이다.

현금흐름표는 다른 재무제표와 확연히 다른 특징이 하나 있

다. 다른 모든 재무제표는 '발생주의' 원칙에 따라서 작성되는 반면, 현금흐름표는 '현금주의' 원칙을 토대로 작성된다는 특징이 있다.

현금주의란 현금의 유출입이 있는 항목만 회계처리하는 방법이다. 우리가 일반적으로 가계부를 작성하는 것과 유사하다. 실제로 현금흐름표는 현금이 들어오면 플러스 항목으로 기록하고 현금이 나가면 마이너스 항목으로 기록한다. 만약 기업 거래의 100%가 현금 유출입이 있는 거래라면 현금흐름표의 현금 유출입과 손익계산서의 당기순이익은 일치할 것이다. 물론 현실에선 불가능에 가깝다. 절대로 현금흐름표와 손익계산서가 일치할 수 없다. 일치했다면 그건 우연의 일치이거나 현금만 통과하는 도관회사일 것이다.

이에 반해 발생주의는 실제로 현금이 들어오거나 나가지 않아도 회계상 거래가 발생했다면 모두 기록하는 방식이다. 현금이 들어오지 않아도 기록해야 할 거래는 무척 많다. 예를 들어 상품 100만 원어치를 거래처로부터 외상으로 구입했다고 치자. 그럼 실제로 현금이 나가지는 않았지만 상품은 우리 기업의 창고로 들어온다. 발생주의 원칙에 따르면 이 경우 차변에 상품 100만 원을 기록해야 한다. 그리고 대변에는 현금이 나가지 않았지만 앞으로 갚아야 할 돈이기 때문에 매입채무라는 부채를 기록한다.

이처럼 다른 재무제표는 발생주의 회계를 적용하기 때문에 다소 복잡한 계정과목이 얽히고 꼬여 있기 마련이다. 이를 잘 풀어서 현금 유출입만 발라내어 작성하는 것이 현금흐름표다.

현금흐름표
작성하기

현금흐름표를 작성하는 방법은 영업활동현금흐름을 작성하는 방법에 따라 직접법과 간접법으로 나뉜다. 직접법은 영업활동현금흐름을 세부적으로 고객으로부터 유입된 현금, 종업원에 대한 현금 유출, 공급자에 대한 현금 유출 등으로 나누고 각각의 금액을 합계해 총액으로 계산하는 방식이다. 반면 간접법은 기업의 당기순이익에서 시작해서 간접적으로 현금 유출입이 없는 항목을 조정해 영업활동현금흐름을 계산한다. 두 방법 모두 결과치인 영업활동현금흐름은 같다.

1. 직접법으로 작성하기

직접법은 영업활동현금흐름을 직접적으로 분석해서 각 항목별로 개별적으로 현금흐름을 구해서 합산하는 방식이다. 현금을 수반해 발생한 수익이나 비용 항목을 총액으로 표시하되, 현금 유입액을 원천별로 구분하고 현금 유출도 각 용도별로 구분해서 표시한다. 현금 유출입을 매출과 매출원가, 급여 등에서 조정해 수익과 비용으로 전환한다는 점에서 '현금주의 손익계산서'라는 별명을 가지고 있다.

직접법으로 작성하기 위해서는 각 항목별 현금을 구하는 과정이 필요하다. 예를 들어 고객으로부터 유입된 현금은 다음과 같이 구할 수 있다.

고객으로부터 유입된 현금=매출액+매출채권의 감소액-매출채권의 증가액

매출액을 현금으로 받는다고 가정하고, 매출채권이 증가하면 그만큼 현금으로 못 받았기 때문에 차감하고 매출채권이 감소하면 그만큼 현금으로 회수했으므로 가산한다.

직접법 현금흐름표 예시	
영업활동현금흐름	
1. 고객으로부터 유입된 현금	100,000,000
2. 공급자에 대한 현금 유출	50,000,000
3. 종업원에 대한 현금 유출	20,000,000
4. 이자로 인한 현금 유출	5,000,000
5. 법인세 납부로 인한 현금 유출	5,000,000
영업활동순현금흐름	20,000,000

2. 간접법으로 작성하기

간접법은 기업의 손익계산서에 있는 당기순이익에서 시작해 현금 유출이 없는 비용은 가산하고, 현금 유입이 없는 수익은 차감한 후 영업활동으로 인한 자산과 부채의 변동을 가감해 영업활동현금흐름을 계산하는 방법이다. 대부분의 법인이 간접법을 선호하는데, 최근 국제회계기준이 도입되면서 직접법을 권고하는 추세이기는 하다.

우선 간접법으로 작성하기 위해서는 영업활동과 관련 없는 손익을 당기순이익에서 조정하는 것이 필요하다. 제거해야 하는 손익 항목에는 현금의 유출입이 없는 손익(예를 들어 감가상각비)과 투자활동 및 재무활동과 관련한 손익이 있다. 이를 제거해야 영업손익만 남게 된다.

당기순이익-현금 유입 없는 영업수익+현금 유출 없는 영업비용 (감가상각비)+영업활동 관련 자산 감소-영업활동 관련 자산 증가+영업활동 관련 부채 증가-영업활동 관련 부채 감소=영업활동현금흐름

예를 들어 '피비'라는 이름의 주식회사가 있다고 가정해보자. 2016년 당기순이익은 5천만 원이고 감가상각비는 1천만 원, 사채상환손실은 500만 원이다. 유형자산처분이익 2천만 원이 눈에 띈다. 영업활동 관련 자산과 부채의 증감은 도표와 같다.

주식회사 피비의 영업활동 관련 자산과 부채의 증감 내역			
구분	2016년 말	2015년 말	증감액
매출채권	125,000,000	135,000,000	10,000,000 감소
매입채무	55,000,000	40,000,000	15,000,000 증가
재고자산	40,000,000	30,000,000	10,000,000 증가
급여미지급금	21,000,000	11,000,000	10,000,000 증가

간접법 현금흐름표 예시

영업활동현금흐름	
1. 당기순이익	50,000,000
2. 감가상각비	10,000,000
3. 사채상환손실	5,000,000
4. 유형자산처분이익	(20,000,000)
5. 매출채권 감소	10,000,000
6. 매입채무 증가	15,000,000
7. 재고자산 증가	(10,000,000)
8. 급여미지급금 증가	10,000,000
영업활동순현금흐름	70,000,000

☑ 현금흐름표는 재무제표에서 기업이 현금을 어떻게 창출했고 사용했는지 보여주는 역할을 한다.

☑ 직접법은 영업활동현금흐름을 직접적으로 분석해서 각 항목별로 개별적으로 현금흐름을 구해서 합산하는 방식이다.

☑ 간접법은 기업의 손익계산서에 있는 당기순이익에서 시작해 현금 유출이 없는 비용은 가산하고, 현금 유입이 없는 수익은 차감한 후 영업활동으로 인한 자산과 부채의 변동을 가감해 영업활동현금흐름을 계산하는 방법이다.

주석
분석하기

주석은 회계정보 중에서 가장 중요한 '설명'에 해당하는 부분이다.

주석이
중요한 이유

사람들이 재무제표를 볼 때 쉽게 간과하는 부분이 '주석'이다. 주석은 재무제표 본문에 대한 상세 정보와 기재하지 못한 추가적인 정보를 부연설명하는 곳이다. 재무상태표를 보면 자산의 종류가 가지각색임에도 편의상 그냥 통일해 유형자산으

가. 매출채권

(단위 : 백만원)

구 분	당기말	전기말
외부신용등급이 있는 거래상대방		
상환능력 우수, 최고	395,067	608,089
상환능력 양호	731,050	417,334
상환능력 적정	45,004	62,244
상환 가능	125,353	957
소 계	1,296,474	1,088,624
외부신용등급이 없는 거래상대방		
Group 1	17,781,245	16,703,909
Group 2	769,096	657,351
Group 3	–	4,845
소 계	18,550,341	17,366,105
연체 및 손상되지 아니한 매출채권 계	19,846,815	18,454,729

삼성전자 재무제표 주석 '매출채권' 부문

로 표시하는 경우가 많다. 각 자산의 내역은 물론 권리가 제한되어 있는지 여부를 알 수 있는 방법이 있다. 바로 주석을 보는 것이다.

삼성전자의 재무제표를 보면 주석의 내용이 생각보다 상세함을 알 수 있다. 주석에는 유형자산의 감가상각방법과 내용연수 등 회계처리 방법을 명시하는 한편 특이한 사항에 대해 상세히 분석해두고 있다. 그중 매출채권이 눈에 띈다. 매출채권을 잘 회수할 수 있는지 여부가 이해관계자에게 있어 매우 중대하기 때문이다.

삼성전자 재무제표 주석에서 매출채권 부문을 보면 구체적인 내역을 상환능력별로 구분해 설명하고 있다. 주석에 명시된 상환능력별 분류 기준은 다음과 같다.

1. 상환능력 우수, 최고: Aaa~Aa(Moody's), AAA~AA(S&P, Fitch), A1(국내신용평가사)
2. 상환능력 양호: A(Moody's, S&P, Fitch), A2(국내신용평가사)
3. 상황능력 적정: Baa(Moody's), BBB(S&P, Fitch), A3(국내신용평가사)
4. 상환 가능: Ba 이하(Moody's), BB 이하(S&P, Fitch), B 이하(국내신용평가사)
5. Group 1: 외부신용등급이 없는 연결자회사
6. Group 2: 자본잠식경험 및 채무불이행경험이 없는 일반고객
7. Group 3: 자본잠식경험 및 채무불이행경험이 있으나 보험 및 담보가 설정되어 채무불이행위험이 해소된 일반고객

주석을 통해 이러한 정보를 보면 단순히 금액만 볼 때보다 기업에 대한 깊은 이해가 가능하다. 우량하다고 생각한 기업도

주석을 자세히 들여다보면 위험요소가 발견될 때가 있다.

주석은 회계정보 중에서 가장 중요한 '설명'에 해당하는 부분이다. 재무제표만 보고 주석을 보지 않는 것은 재무제표의 절반만 이해하는 것이다. 아쉽게도 투자자나 정보이용자 대부분은 재무제표의 숫자만 보려고 하지 주석에는 관심을 가지지 않는다. 이 책을 보고 있는 독자는 부디 주석을 보는 습관을 들이길 바란다.

참고로 현금흐름표 항목 역시 주석을 눈여겨봐야 한다. 예를 들어 현금의 유출입이 없는 투자활동 및 재무활동에 속하는 거래 중 중대한 거래는 주석에 공시한다. 기본적으로 현금흐름표는 현금의 흐름을 나타내는 재무제표다. 따라서 원칙적으로 현금의 흐름이 발생하지 않는 형식적인 계정 대체거래는 나타내지 못한다. 그러나 당장 현금흐름이 발생하지 않아도 미래의 현금흐름에 영향을 주는 중대한 거래는 현금흐름표에 명시하지 않더라도 주석으로 부연설명하게 되어 있다. 미래 현금흐름에 중대한 영향을 줄 수 있는 투자활동과 재무활동은 다음과 같다.

1. 무상증자, 무상감자, 주식 배당

2. 전환사채의 전환

3. 현물출자로 인한 유형자산의 취득

4. 유형자산의 손상차손 사유

5. 장기연불구입 조건으로 매입한 유형자산

또 간접법으로 현금흐름표를 작성한 경우 직접법으로 작성한 현금흐름표를 주석에 공시해야 한다. 국제회계기준에서는 직접법으로 작성한 현금흐름표가 정보이용자에게 더 상세한 영업활동현금흐름에 대한 정보를 제공한다는 이유로 이 부분을 강제하고 있다. 만약 간접법으로 현금흐름표를 작성했다면 주석으로라도 직접법으로 작성한 현금흐름표를 공시해야 한다.

재무제표 핵심 포인트

☑ 주석은 재무제표 본문에 대한 상세 정보와 기재하지 못한 추가적인 정보를 부연설명하는 곳이다.

☑ 우량하다고 생각한 기업도 주석을 자세히 들여다보면 위험요소가 발견될 때가 있다.

☑ 현금흐름표 항목 역시 주석을 눈여겨봐야 한다.

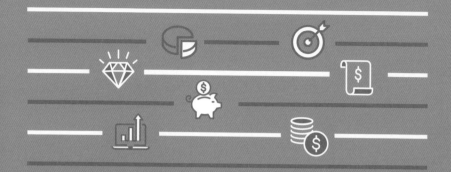

2장

투자자를 위한
재무비율 분석

"투자란 철저한 분석을 통해 원금을 안전하게 지키면서도
만족스러운 수익을 확보하는 것이다. 그렇지 않으면 투기다."
_벤저민 그레이엄

옥석을 가리는
안정성 지표

재무비율 중에서 안정성 비율은 가장 기초적인 지표이자 건강한 기업을 가리는 바로미터다.

재무비율 중에서 안정성 비율은 가장 기초적인 지표이자 건강한 기업을 가리는 바로미터다. 투자자가 안정성 비율을 보는 이유는 대상 기업이 망할 가능성이 있는지를 파악하기 위함이다. 한마디로 기업의 리스크를 가늠하기 위해서인데, 일정 수준을 넘어서 위험하다고 판단되면 되도록 투자하지 않는 것이 좋다. 주식 투자자가 실전에서 활용할 수 있는 안정성 비율은 부채비율, 자기자본비율, 유동비율, 당좌비율, 이자보상비율이다.

5가지

안정성 비율

1. 부채비율

부채비율=총부채÷자기자본

부채비율은 부채를 자본으로 나눈 비율이다. 기업이 자기자본보다 외부 채무자에게 얼마나 의존하고 있는지를 나타낸다. 기업의 '재무레버리지의 정도'라고도 한다. 부채를 외부에서 가져다 쓴 만큼 수익성이 좋을 때는 확실하게 고수익이 나고, 수익성이 나쁠 때는 확실하게 망하는 특징이 있다.

보통 부채비율이 1.0 아래일 때는 매우 안전한 상태에 해당하고, 1.0~2.0도 상대적으로 안전하다 볼 수 있다. 중요한 건 산업 평균 부채비율이다. 산업 평균보다 부채비율이 지나치게 높은 기업의 주식은 투자하면 안 된다. 물론 일이 잘 풀리면 큰돈을 벌 수 있는 기업이지만 그만큼 파산의 위험이 크게 내재되어 있다.

참고로 금융업은 다른 업종에 비해 부채비율이 높다. 또 제조업은 상대적으로 부채비율이 낮은 편이다. 건설업은 금융업과 비슷하게 부채비율이 높은 편인데 대출을 받아서 사업을 일으키는 경우가 많기 때문이다.

부채비율만으로 해당 기업이 안전한지 여부를 파악하는 것은 무리가 있으므로 다른 안정성 비율과 교차로 검증해볼 필요가 있다.

2. 자기자본비율

자기자본비율=자기자본÷총자산

자기자본비율은 총자산에서 자기자본이 차지하는 비율을 뜻한다. 여기서 자본은 총자산에서 총부채를 뺀 잔여 지분의 개념이다. 이 비율은 전체 보유 자산을 형성하기까지 얼마의 비중으로 자기자본을 조달했느냐를 나타내는 비율이다.

자기자본비율은 0.5를 기준으로 이 이상일 때 자본이 부채보다 많아서 일반적으로 안전하다고 판단한다. 보통 자기자본비율이 0.5라는 것은 부채비율이 1.0이라는 의미와 크게 다르지 않다. 어쨌든 자기자본비율이 클수록 파산 위험은 줄어든다.

다만 자기자본비율이 높아서 1.0에 가깝다면 부채를 전혀 쓰지 않는다는 뜻이다. 즉 레버리지를 통한 사업 확장 가능성이 떨어지므로 성장이 미진할 수 있다. 따라서 0.5 언저리가 적당하다고 생각한다.

3. 유동비율

유동비율=유동자산÷유동부채

유동비율은 유동부채 대비 유동자산의 비율로 기업의 단기 채무상환능력을 나타낸다. 부채비율이 전체적인 기업의 재무건전성을 나타낸다면 유동비율은 단기적인 지급능력을 파악하는 지표다. 그만큼 흑자도산이나 단기 파산 가능성을 가늠하기에 좋은 비율이다.

유동비율이 클수록 안정성은 높다고 볼 수 있다. 유동자산은 재고자산 및 당좌자산으로 구성되어 있으며 현금화 가능성이 높은 자산이다. 이런 자산을 처분해 유동부채를 상환할 수 있는 가능성이 높다는 것은 그만큼 안정성이 높다는 뜻이다. 여기서 '유동'이란 통상 1년 이내에 현금화가 가능하다는 것을 뜻한다.

일반적으로 유동비율이 높으면 안정적이고 좋다고 볼 수 있지만 이 비율이 절대적인 것은 아니다. 오히려 유동비율이 높다는 것은 재고자산이 지나치게 누적되어 팔리지 않기 때문일 수도 있다. 따라서 유동자산 중에서 재고자산을 제외하고 판단할 필요가 있다. 이 부분은 다음에 설명할 당좌비율로 파악할 수 있다.

4. 당좌비율

당좌비율=당좌자산(유동자산-재고자산)÷유동부채

당좌비율은 유동부채 대비 당좌자산의 비율을 뜻한다. 여기서 당좌자산이란 유동자산 중에서 재고자산을 제외한 나머지를 말한다. 그래서 유동비율보다 더 안정성과 활동성을 잘 반영한 비율이라는 평가를 받는다.

당좌비율 1.0을 넘으면 매우 안정적인 기업이라 볼 수 있다. 당좌자산이 유동부채보다 많다는 것은 웬만한 유동부채는 당좌자산을 사용해 즉시 갚을 수 있다는 뜻이다. 당좌자산은 현금 및 현금성자산, 단기금융자산, 장기금융자산 중 만기가 일찍 도래하는 것으로 현금화가 매우 용이하다.

5. 이자보상비율

이자보상비율=영업이익÷이자 비용

이자보상비율은 이자 비용 대비 영업이익을 나타내는 비율로 기업의 채무상환능력을 알 수 있는 지표다. 이자보상비율이 1.0을 넘으면 영업이익으로 이자를 충분히 갚을 수 있다는 뜻이며, 반대의 경우 영업이익으로는 모자라 자산을 처분해야 한다는 뜻이다. 따라서 이자보상비율이 1.0 이하라면 기업이 위기에 처했다고 봐도 좋다. 일반적으로 2.0~5.0 정도는 되어야 한다.

영업이익은 기업이 주된 영업활동으로 벌어들인 이익이므로 매년 시장 상황에 따라 달라진다. 이자보상비율도 이에 따라 변동할 수 있으므로 매기 잘 파악해야 한다. 어쨌든 이자보상비율을 분석해서 웬만하면 2.0이 넘는 기업에 투자하는 것이 바람직하다.

☑ 투자자가 안정성 비율을 보는 이유는 대상 기업이 망할 가능성이 있는지를 파악하기 위함이다.

☑ 주식 투자자가 실전에서 활용할 수 있는 안정성 비율은 부채비율, 자기자본비율, 유동비율, 당좌비율, 이자보상비율이다.

☑ 부채비율만으로 해당 기업이 안전한지 여부를 파악하는 것은 무리가 있으므로 다른 안정성 비율과 교차로 검증해볼 필요가 있다.

매출총이익률
분석하기

매출총이익률은 매출액에 비해 얼마큼의 매출총이익이 창출되었는지를 나타내는 비율이다.

보통 매출액에서 매출원가를 차감한 매출총이익으로 기업의 수익성을 판단하곤 한다. 매출로부터 얼마큼의 이익을 얻는지를 알 수 있는 매출총이익률은 회사의 이상 징후를 포착하는 데 사용하는 유용한 비율이다. 매출을 통해 계산하는 가장 직접적인 수익성 지표이기 때문이다.

이 비율의 분모로는 매출액이 이용되고, 분자는 매출총이익이 쓰인다. 매출총이익은 매출액에서 매출원가를 차감한 금액이다. 회계감사에서 재고 관련 분식회계를 의심할 때 재고자산이 판매되면서 발생하는 매출원가의 비율과 그 추세를 보곤 한다. 매출총이익률의 산식은 '1-매출원가율'로 아주 간단하다.

높을수록 좋은
매출총이익률

매출총이익률=매출총이익(매출액-매출원가)÷매출액

매출총이익률은 매출액에 비해 얼마큼의 매출총이익이 창출되었는지를 나타내는 비율이다. 이는 손익계산서의 맨 위쪽에서 확인 가능하다. '매출원가율+매출총이익률=1'의 등식을 만족하므로 해당 기업의 매출원가율에 따라서 매출총이익률이 달라진다. 즉 원가구조에 따라 매출총이익률이 달라지므로 기업의 사업 형태를 반영한다고 볼 수 있다. 경쟁사와의 비교를 통해 사업성이 좋은지, 원가가 적정한지를 파악하는 데 쓰인다.

삼성전자의 손익계산서를 예로 들어보자. 삼성전자는 2019년부터 2021년까지 매출총이익이 증가하는 추세였다가 2022년

항목	2019/12 (IFRS연결)	2020/12 (IFRS연결)	2021/12 (IFRS연결)	2022/12 (IFRS연결)	2023/12 (IFRS연결)	전년대비 (YoY)
⊞ 매출액(수익)	2,304,008.8	2,368,069.9	2,796,048.0	3,022,313.6	2,589,354.9	-14.3
•내수	2,304,009.0		2,796,048.0			
•수출						
⊞ 매출원가	1,472,395.5	1,444,883.0	1,664,113.4	1,900,417.7	1,803,885.8	-5.1
매출총이익	831,613.3	923,186.9	1,131,934.6	1,121,895.9	785,469.1	-30.0
⊞ 판매비와관리비	553,928.2	563,248.2	615,596.0	688,129.6	719,799.4	4.6
영업이익	277,685.1	359,938.8	516,338.6	433,766.3	65,669.8	-84.9
⊞ •기타영업손익						
영업이익(발표기준)	277,685.1	359,938.8	516,338.6	433,766.3	65,669.8	-84.9
•[구K-IFRS]영업이익						

• 단위 : 억원, %, 배, 천주   • 분기 : 순액기준

네이버페이 증권에서 확인 가능한 삼성전자의 매출총이익 추이

부터 주춤하는 모습이다.

　매출총이익률은 업종에 따라 천차만별이다. 유통업은 물건을 사서 매출을 일으키기 때문에 중간 마진만 매출총이익으로 잡혀 매출총이익률이 낮을 수밖에 없다. 반면 삼성전자와 같은 제조업은 원가 절감이 가능해 매출총이익률이 높은 편인데, 이 부분은 경쟁 기업이나 산업 평균 지표와 비교해서 파악하는 것이 타당하다. 단순하게는 매출총이익률은 높을수록 좋은 지표에 해당한다.

　삼성전자를 보면 2019년부터 꾸준히 증가한 매출총이익률이 2022년 들어 하향세에 접어선 모습이다. 추가적인 원가 절감과

항목	2019/12 (IFRS연결)	2020/12 (IFRS연결)	2021/12 (IFRS연결)	2022/12 (IFRS연결)	2023/12 ⊕ (IFRS연결)	전년대비 (YoY)
⊞ 매출총이익률	36.09	38.98	40.48	37.12	30.34	-6.78
⊞ 영업이익률	12.05	15.20	18.47	14.35	2.54	-11.82
⊞ 순이익률	9.44	11.15	14.27	18.41	5.98	-12.43
⊞ EBITDA마진율	24.90	28.01	30.71	27.29	17.47	-9.82
⊞ ROE	8.69	9.98	13.92	17.07	4.15	-12.92
⊞ ROA	6.28	7.23	9.92	12.72	3.43	-9.29
⊞ ROIC	12.76	15.91	20.33	13.70	-0.13	-13.83

• 단위 : 억원, %, %p, 배   • 분기 : 순액기준

네이버페이 증권에서 확인 가능한 삼성전자의 매출총이익률 추이

경쟁력 개선이 필요하다는 것을 파악할 수 있다. 매출총이익률을 통해 수익의 지속성, 즉 향후에도 안정적으로 매출총이익이 창출될 수 있는지 유추할 수 있다.

재무제표 핵심 포인트

☑ 매출총이익률은 회사의 이상 징후를 포착하는 데 사용하는 유용한 비율이다.

☑ 원가구조에 따라 매출총이익률이 달라지므로 기업의 사업 형태를 반영한다고 볼 수 있다. 경쟁사와의 비교를 통해 사업성이 좋은지, 원가가 적정한지를 파악하는 데 쓰인다.

☑ 단순하게는 매출총이익률은 높을수록 좋은 지표에 해당한다.

영업이익률
분석하기

영업이익은 기업의 영업활동에서 계속해서 반복적으로 기대할 수
있는 업황에 따른 이익에 해당한다.

수익성 지표

영업이익률

영업이익은 기업의 영업활동에서 계속·반복적으로 기대할
수 있는 업황에 따른 이익에 해당한다. 영업이익은 주된 영업활
동에 따른 매출액에서 매출원가를 차감하고 판매비와관리비
를 차감해 계산한다. 영업이익의 금액과 추세에 따라서 기업 가

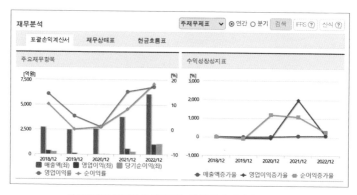

네이버페이 증권에서 확인 가능한 후성의 영업이익률 추이

치에 대한 평가액이 달라지므로 눈여겨볼 필요가 있다. 추세가 우상향하는 경우 기업 가치를 더 크게 평가하는 것이 일반적이다. 영업이익은 기업의 본업에서의 성과를 나타내기 때문에 수익성 지표로 중요한 역할을 한다. 손익계산서에서 가장 중요한 지표라고 볼 수 있다.

　반도체, 2차전지 소재 관련주인 후성의 네이버페이 증권 자료를 보자. 종목분석에서 재무분석으로 들어가 포괄손익계산서를 누르면 영업이익률과 영업이익증가율을 확인할 수 있다. 후성의 경우 2021년 영업이익증가율이 급격하게 증가했고 그만큼 주가도 급등한 바 있다.

영업이익률=영업이익÷매출액

　매출액에서 영업활동으로 벌어들인 수익이 차지하는지 비율을 보고 지속적으로 창출되는 수익률을 평가할 수 있다. 여기서 영업이익이란 매출액에서 매출원가를 차감한 매출총이익에서 판매비와관리비를 차감한 순액에 해당한다. 따라서 영업이익률은 기업이 얼마만큼 본업에 충실했고 어느 정도 성과를 냈는지, 다시 말해 기업 본래의 활동 성과와 사업성을 나타낸다고 볼 수 있다. 영업이익률도 앞서 배운 매출총이익률과 마찬가지로 산업 평균치나 경쟁 기업의 수치와 비교해서 보는 것이 좋다.

재무제표 핵심 포인트

- ☑ 영업이익은 주된 영업활동에 따른 매출액에서 매출원가를 차감하고 판매비와관리비를 차감해 계산한다.
- ☑ 영업이익은 기업의 본업에서의 성과를 나타내기 때문에 수익성 지표로 중요한 역할을 한다.
- ☑ 영업이익률도 앞서 배운 매출총이익률과 마찬가지로 산업 평균치나 경쟁 기업의 수치와 비교해서 보는 것이 좋다.

당기순이익률
분석하기

주주에게 최종적으로 배분되는 돈이다 보니 주주가 가장 궁금해하는 이익은 당연히 당기순이익일 수밖에 없다.

수익성은 기업이 돈을 얼마나 벌었는지 파악해야 알 수 있는 부분이다. 기업이 돈을 얼마나 벌었는지 알기 위해선 수익에서 비용을 차감한 순이익을 따져야 한다. 기업의 전체 수익에서 비용을 차감한 순수익을 파악해야 투자자에게 귀속되는 소득을 정확히 알 수 있다.

기업이 매출액이라는 수익을 창출하면 공급업자에게 매출원가라는 항목으로 분배하고, 종업원과 임대업자 등에게 판매비와관리비를 분배하고, 채권자에게 이자 비용 등을 영업외비용 명목으로 분배하기 마련이다. 그러면 세전이익이 나오는데 여기서 국가에게 내는 법인세 비용을 제하면 남는 것이 당기순이익이다. 주주에게 최종적으로 배분되는 돈이다 보니 주주가 가장 궁금해하는 이익은 당연히 당기순이익일 수밖에 없다.

기업의 수익성, 당기순이익률

당기순이익률은 매출액 대비 당기순이익의 비율을 의미한다. 주주에게 배당을 줄 수 있는 재원인 당기순이익이 매출액 대비 얼마나 창출되었는지를 보여주는 지표다.

당기순이익률=당기순이익÷매출액

당기순이익률이 5%라는 것은 매출 수익에서 모든 비용을 차감하고 주주에게 귀속되는 이익이 5%라는 뜻이다. 당기순이익은 영업외수익과 영업외비용이 모두 반영된 이익으로 기업을 운영하면서 발생된 모든 수익과 비용을 조정한 후에 주주에게 귀속되는 결과치다.

당기순이익률은 사후적인 배당을 예측할 수 있는 이익률이지만 그 자체로 큰 의미는 없다. 왜냐하면 영업외손익은 매년 큰 폭으로 변화하기 때문이다. 따라서 장기적인 예측치로 따지기엔 의미가 크지 않으며 당기 실적을 파악하는 용도로만 유용하다.

재무제표 핵심 포인트

☑ 기업의 전체 수익에서 비용을 차감한 순수익을 파악해야 투자자에게 귀속되는 소득을 정확히 알 수 있다.

☑ 당기순이익률은 매출액 대비 당기순이익의 비율을 의미한다.

☑ 당기순이익률은 사후적인 배당을 예측할 수 있는 이익률이지만 그 자체로 큰 의미는 없다. 왜냐하면 영업외손익은 매년 큰 폭으로 변화하기 때문이다.

ROA
분석하기

ROA는 기업이 총자산 대비 얼마의 당기순이익을 벌어들였는지 나타내는 지표다.

부채를 포함한
자본 대비 수익률

기업은 부채와 자본을 통해 조달한 자금으로 자산에 투자해서 이익을 벌어들인다. 그 이익이 투자한 자산에서 차지하는 비중이 바로 ROA(Return on Assets, 총자산수익률)다.

ROA=당기순이익÷총자산

ROA는 기업이 총자산 대비 얼마의 당기순이익을 벌어들였는지 나타내는 지표다. 운용하는 자산으로 당기순이익을 얼마나 창출했는지 확인함으로써 투자액 대비 수익성을 알 수 있다.

기업 전체 자산에서 주주에게 귀속되는 당기순이익이 차지하는 비중을 나타내므로 주주의 수익성을 검증하는 데 사용된다. ROA는 뒤에서 설명할 ROE에 자기자본승수(자산÷자본)를 곱한 값이기 때문에 기업의 부채비율이 클수록 감소하는 경향이 있다. 즉 빚을 많이 지는 기업은 ROA가 줄어든다. 따라서 ROE와 ROA가 동시에 높다면 기업의 전체 수익성이 좋고 잠재력이 크다고 해석할 수 있다.

구체적으로 ROA는 다음과 같이 구분해서 분석할 수 있다.

ROA는 수익성을 대변하는 매출액순이익률(당기순이익÷매출액)과 효율성을 대변하는 총자산회전율(매출액÷총자산)의 곱으로 나타내며, 이에 따라 수익성과 효율성이 개선될 때 증가한다.

ROA를 계산할 때 쓰이는 총자산은 부채와 자본의 합이므로, 기업이 영업활동을 통해 주주에게 배당을 주기 위해 어느 정도 당기순이익을 창출했는지 알 수 있다. 따라서 동종 업종

ROA

$$= \frac{당기순이익}{총자산}$$

$$= \frac{당기순이익}{매출액} \times \frac{매출액}{총자산}$$

= 매출액순이익률 × 총자산회전율

대비 ROA가 높다면 경영자가 주주를 위한 자산운용을 잘하고 있다는 증거가 된다.

삼성전자의 ROA를 살펴보면 2019년 6.28%, 2020년 7.23%, 2021년 9.92%, 2022년 12.72%로 증가 추세에 있다가 2023년 3.43%로 감소했음을 알 수 있다. ROA가 감소하는 경우 그 이유는 무엇일까? ROA 공식에 그 이유가 숨어 있다.

ROA=매출액순이익률×총자산회전율

ROA의 구성요소인 매출액순이익률이 감소해 총자산 대비 순이익의 비중이 큰 폭으로 감소한 것이다.

항목	2019/12 (IFRS연결)	2020/12 (IFRS연결)	2021/12 (IFRS연결)	2022/12 (IFRS연결)	2023/12 (IFRS연결)	전년대비 (YoY)
매출총이익률	36.09	38.98	40.48	37.12	30.34	-6.78
영업이익률	12.05	15.20	18.47	14.35	2.54	-11.82
순이익률	9.44	11.15	14.27	18.41	5.98	-12.43
EBITDA마진율	24.90	28.01	30.71	27.29	17.47	-9.82
ROE	8.69	9.98	13.92	17.07	4.15	-12.92
ROA	6.28	7.23	9.92	12.72	3.43	-9.29
ROIC	12.76	15.91	20.33	13.70	-0.13	-13.83

* 단위 : 억원, %, %p, 배 · 분기 : 순액기준

네이버페이 증권에서 확인 가능한 삼성전자의 ROA 추이

항목	2019/12 (IFRS연결)	2020/12 (IFRS연결)	2021/12 (IFRS연결)	2022/12 (IFRS연결)	2023/12 (IFRS연결)	전년대비 (YoY)
총자산회전율	0.67	0.65	0.69	0.69	0.57	-0.12
자기자본회전율	0.90	0.88	0.96	0.92	0.72	-0.20
순운전자본회전율	9.07	9.93	12.19	9.55	6.49	-3.06
유형자산회전율	1.96	1.90	2.01	1.90	1.46	-0.44
매출채권회전율	6.54	7.11	7.77	7.86	7.13	-0.73
재고자산회전율	8.27	8.05	7.62	6.46	4.99	-1.47
매입채무회전율	26.79	25.66	24.11	25.08	23.58	-1.51

* 단위 : 억원, 비율 · 분기 : 순액기준

네이버페이 증권에서 확인 가능한 삼성전자의 총자산회전율 추이

한편 삼성전자의 총자산회전율을 보면 2023년 들어 전년 대비 하락했음을 알 수 있다. 삼성전자의 자산 활용 효율성이 최근 다소 떨어지고 있음을 보여준다. 이와 같이 ROA와 매출액 순이익률, 총자산회전율의 관계를 알면 각 변수의 변화 원인을 알 수 있다.

재무제표 핵심 포인트

- ☑ ROA는 기업이 총자산 대비 얼마의 당기순이익을 벌어들였는지 나타내는 지표다.
- ☑ ROA는 수익성을 대변하는 매출액순이익률(당기순이익÷매출액)과 효율성을 대변하는 총자산회전율(매출액÷총자산)의 곱으로 나타내며, 이에 따라 수익성과 효율성이 개선될 때 증가한다.
- ☑ 동종 업종 대비 ROA가 높다면 경영자가 주주를 위한 자산운용을 잘하고 있다는 증거가 된다.

재무제표가 알려주는 좋은 주식, 나쁜 주식

ROE
분석하기

ROE는 기업이 자기자본을 활용해 당해 연도에 얼마의 순이익을 벌었는지를 나타내는 수익성 지표다.

ROE가 곧
경영 효율성

ROE(Return on Equity)는 자기자본수익률로 자기자본 대비 얼마의 당기순이익을 벌어들였는지 나타내는 지표다.

ROE=당기순이익÷자기자본

ROE는 기업이 자기자본을 활용해 당해 연도에 얼마의 순이익을 벌었는지를 나타내는 수익성 지표다. ROE가 동종 업계 대비 낮으면 경영 효율성이 낮아지고 있다는 의미로 해석할 수 있다.

ROE는 주주가 투자한 금액 대비 주주에게 귀속되는 순이익의 비율이므로, 투자자 입장에서는 ROE가 최소한 국채 수익률보다는 높아야 의미가 있을 것이다. 다른 자산에 투자했을 때 창출될 기회비용과 비교하기 용이하기 때문에 투자 지표로 자주 이용된다. 예를 들어 ROE가 5%라는 것은 주주가 연초에 1천 원을 투자했더니 기업이 50원의 이익을 냈다는 뜻이다.

ROE는 주주가 투자한 금액에서 발생된 수익률을 뜻하므로 향후 주가가 어느 정도 성장할지 예측하는 데 쓰이기도 한다. ROE가 높다는 것은 그만큼 영업활동을 잘하고 있다는 뜻이다. 따라서 ROE가 높은 종목일수록 투자수익률이 높다고 볼 수 있어 이익을 가늠하는 척도로 사용된다.

보통 ROE는 회사채 수익률보다 높으면 성과가 양호한 것으로 평가되며, 최소한 국채 수익률보다는 높아야 기업의 경영이 정상적인 것으로 평가된다. 투자자 입장에서는 ROE가 적어도 시중은행 예금 이율보다는 높기를 바랄 것이다.

ROE

$$= \frac{당기순이익}{자기자본}$$

$$= \frac{당기순이익}{매출액} \times \frac{매출액}{총자산} \times \frac{총자산}{자기자본}$$

= 매출액순이익률 × 총자산회전율 × 재무레버리지

ROE는 다음과 같이 구분해서 분석할 수 있다.

ROE는 매출액순이익률, 총자산회전율, 재무레버리지를 곱한 비율로 수익성, 효율성, 안정성의 결합관계에 따라 산출된다. 수익성을 대변하는 매출액순이익률, 기업이 소유하고 있는 자산을 얼마나 효과적으로 이용하고 있는가를 보여주는 활동성 비율인 총자산회전율, 마지막으로 기업의 안정성을 나타내는 재무레버리지를 통해 ROE를 계산할 수 있다. 참고로 재무레버리지(총자산÷자기자본)는 총자산이 자기자본의 몇 배가 되는가를 나타내는 수치다. 이 비율은 '1+부채비율'로 나타낼 수 있으며, 부채로 자금을 많이 조달할수록 재무레버리지는 상승한다.

결과적으로 ROE를 높이려면 수익성, 효율성뿐만 아니라 부

항목	2019/12 (IFRS연결)	2020/12 (IFRS연결)	2021/12 (IFRS연결)	2022/12 (IFRS연결)	2023/12 ⊕ (IFRS연결)	전년대비 (YoY)
⊕ 매출총이익률	36.09	38.98	40.48	37.12	30.34	-6.78
⊕ 영업이익률	12.05	15.20	18.47	14.35	2.54	-11.82
⊕ 순이익률	9.44	11.15	14.27	18.41	5.98	-12.43
⊕ EBITDA마진율	24.90	28.01	30.71	27.29	17.47	-9.82
⊕ ROE	8.69	9.98	13.92	17.07	4.15	-12.92
⊕ ROA	6.28	7.23	9.92	12.72	3.43	-9.29
⊕ ROIC	12.76	15.91	20.33	13.70	-0.13	-13.83

• 단위 · 억원, %, %p, 배   • 분기 : 순액기준

네이버페이 증권에서 확인 가능한 삼성전자의 ROE 추이

채비율을 늘려야 한다. 하지만 업계의 시장성이 좋지 않은 상황에서 부채의 비중을 과도히 늘리면 레버리지 효과에 따라 매출액이 감소하는 비율보다 당기순이익이 훨씬 더 큰 폭으로 감소할 위험이 있다. 워런 버핏은 ROE가 3년 평균 15% 이상인 종목에 투자할 것을 당부했지만, 부채비율이 과다한 것은 아닌지 검토해볼 일이다.

　과거 삼성전자의 수익성 지표를 살펴보자. 삼성전자는 ROA보다 ROE가 높은 것을 알 수 있다. ROE가 ROA에 재무레버리지를 곱한 값이라는 것만 알면 금세 이해할 수 있다. 즉 삼성전자는 자기자본에 비해 부채로 더 많은 자금을 조달하는 기업이다. 실제로 삼성전자의 자기자본 대비 부채비율은 2021년

39.92%, 2022년 26.41%, 2023년 25.36%에 달했다.

삼성전자의 과거 5년 ROE를 보면 최근 조금 흔들리고 있지만 부채의 비중은 위험할 만큼 크지 않다. 3년 평균 ROE는 11.71%로 워런 버핏이 권장한 15%에는 못 미치지만 향후 실적이 개선되면 견조한 성장을 보일 것이 분명하다. 투자할 만한 가치가 있다는 이야기다.

재무제표 핵심 포인트

- ☑ ROE가 동종 업계 대비 낮으면 경영 효율성이 낮아지고 있다는 의미로 해석할 수 있다.
- ☑ ROE는 주주가 투자한 금액 대비 주주에게 귀속되는 순이익의 비율이므로, 투자자 입장에서는 ROE가 최소한 국채 수익률보다는 높아야 의미가 있을 것이다.
- ☑ ROE는 매출액순이익률, 총자산회전율, 재무레버리지를 곱한 비율로 수익성, 효율성, 안정성의 결합관계에 따라 산출된다.

ROIC
분석하기

ROIC(Return On Invested Capital)는 투하자본수익률로 영업활동을 위해 투하된 자산 대비 영업이익의 비율을 뜻한다.

기업의 수익성이
궁금하다면

ROIC(Return On Invested Capital)는 투하자본수익률로 영업 활동을 위해 투하된 자산 대비 영업이익의 비율을 뜻한다. 영업활동만을 통해 발생된 수익률이다 보니 기업의 수익성을 가장 잘 반영한다는 평가를 받고 있다.

ROIC

$$= \frac{\text{세후영업이익}}{\text{영업투하자본}}$$

$$= \frac{\text{세후영업이익}}{\text{매출액}} \times \frac{\text{매출액}}{\text{영업투하자본}}$$

$$= \text{세후영업이익률} \times \text{투하자본회전율}$$

투하자본수익률=세후영업이익÷영업투하자본

여기서 세후영업이익은 '영업이익×(1-세율)'로 계산한다. 세금을 반영한 영업이익이라 이해하면 된다. 영업투하자본은 '순운전자본+유형자산 증가액'을 의미한다.

ROIC가 높다는 것은 시장 지배력과 수익성이 좋으며 자산 활용 효율성이 높다는 뜻이다. 하지만 업종에 따라 투하자본이 별로 필요 없는 벤처기업은 ROIC가 과대평가되기 쉽고 철강, 자동차처럼 투하자본이 많이 들어가는 산업은 ROIC가 과소평가되기 쉽다. 따라서 오류를 줄이기 위해서는 같은 업종끼리 비교해야 한다.

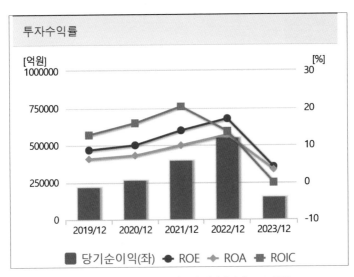

[억원]
1000000

[%]
30

750000

20

500000

10

250000

0

0

-10

2019/12　2020/12　2021/12　2022/12　2023/12

■ 당기순이익(좌)　● ROE　◆ ROA　■ ROIC

네이버페이 증권에서 확인 가능한 삼성전자의 ROIC 추이

삼성전자의 ROIC를 살펴보자. ROIC는 투하된 자본 대비 순이익의 비율이므로 ROE, ROA와 유사한 방향성을 가지고 움직임을 알 수 있다. ROIC가 감소하는 추세라는 것은 대규모 설비 증설 등으로 투하자본이 늘었다는 의미다.

증권분석가는 대개 기업의 성장성에만 관심을 두고 가치 측면에는 소홀한 경향이 있다. ROIC 분석은 가치투자에 있어 매우 중요한 의미를 지닌다. ROIC가 높은 기업은 ROIC를 유지하거나 더 성장시킴으로써 주주에게 주가 상승의 기회를 제공한다. 또한 WACC(가중평균자본비용)보다 ROIC가 낮은 기업에 투자하면 장기적으로 주가가 하락해서 손실을 본다는 것이 이미 여러 통계에서 입증된 바 있다.

재무제표 핵심 포인트

- ☑ ROIC(Return On Invested Capital)는 투하자본수익률로 영업활동을 위해 투하된 자산 대비 영업이익의 비율을 뜻한다.
- ☑ ROIC가 높다는 것은 시장 지배력과 수익성이 좋으며 자산 활용 효율성이 높다는 뜻이다.
- ☑ ROIC가 높은 기업은 ROIC를 유지하거나 더 성장시킴으로써 주주에게 주가 상승의 기회를 제공한다.

총자산회전율과
유형자산회전율

활동성 지표를 확인하면 총자산회전율, 유형자산회전율 등을 확인
할 수 있다.

총자산회전율
분석하기

총자산회전율은 기업이 보유한 자산이 얼마만큼의 매출액을
창출하는지를 나타내는 활동성 지표다. 분석 대상 기업의 과거
자료와 비교해 그 수치가 감소하지 않았거나 증가하고 있다면
활동성에 문제가 없다는 뜻이다.

총자산회전율=매출액÷총자산

총자산회전율은 기업이 총자산을 매출액을 창출하는 데 얼마나 활용했는지 그 수준을 나타낸다. 자산을 투자해 매출액이 많이 창출될수록 활동성이 높고 효율적으로 자산을 이용한 것으로 평가된다. 이 비율은 과거보다 높을수록 좋으며, 다른 기업보다 높을수록 유리한 것으로 평가된다. 총자산회전율은 해당 기업이 속한 산업과 업종의 평균치와 비교해 판단하는 것이 좋다.

총자산회전율은 기업의 자산 전체가 큰 무리 없이 활발히 운용되고 있는지 여부를 보여준다. 동종 업종일지라도 경쟁 기업과 자산 구성이 다를 수 있으므로 일률적으로 총자산회전율을 비교하는 것은 무리가 있다.

총자산의 구성이 변화하지 않는 한 지속적으로 증가하거나 감소하는 경우 경제 사이클 변동의 영향 때문인 것으로 해석할 수 있다. 물론 해당 산업의 등락이나 소비자의 소비 패턴 변경 등의 사유로도 매출액이 변동해 총자산회전율은 달라질 수 있다.

유형자산회전율
분석하기

유형자산회전율은 유형자산이 매출액에 얼마나 기여했는지 보여주는 활동성 지표다. 유형자산회전율이 증가하는 추세라면 해당 기업이 보유한 유형자산을 효율적으로 이용하고 있다는 뜻이다.

유형자산회전율=매출액÷유형자산

유형자산회전율은 유형자산 대비 매출액이 얼마나 창출되었는지를 나타내는 비율이다. 제조업 기업을 분석할 때 주로 사용하는 수치로 유형자산이 별로 없는 서비스업의 경우 큰 의미가 없는 지표이기도 하다. 제조업, 유통업 등 일반 업종의 경우 제품을 생산, 판매하는 데 필요한 공장이나 설비 등 유형자산이 사업에서 차지하는 비중이 굉장히 크다. 따라서 유형자산이 별로 없는 서비스업이나 지식산업에 비해 유형자산회전율이 중요한 의미를 지닌다. 유형자산회전율은 과거의 추세와 비교하는 것이 좋은데 지속적으로 높아지고 있다면 유형자산의 활용성이 개선되고 있다는 뜻이다. 만일 제조업임에도 유형자산회전율이 떨어지고 있다면 성장 가능성도 그만큼 낮아지고 있다는 의미일 수 있다. 자산의 이용 효율이 떨어진다는 것은 매출액 저하의 선행현상일 수 있기 때문이다.

유형자산회전율은 경기 변동에 예민하게 반응하기 때문에 주기적으로 어느 정도 변동이 있는 것은 당연한 현상이다. 유형자산회전율이 일정한 수준으로 유지되려면 유형자산의 증가율과 매출액의 증가율이 비슷하게 움직여야 한다. 유형자산이 증가하는 만큼 매출액이 증가하지 못하면 유형자산회전율은 낮아질 것이며 기업의 수익성에도 악영향을 미칠 수 있다. 유형자산은 감가상각비를 발생시키기 때문에 투자액만큼 매출액이 따라오지 못하면 다음 연도부터 순이익이 하락할 수 있다.

네이버페이 증권에서 '라온테크'라는 종목을 검색해 종목분석을 누르고 투자지표로 들어가보자. 라온테크의 수익성, 성장성, 안정성, 활동성 지표 중 활동성 지표를 확인하면 총자산회전율, 유형자산회전율 등을 확인할 수 있다. 라온테크는 제조업용 로봇을 만드는 회사이기 때문에 유형자산회전율에 관심을 가질 필요가 있다. 유형자산회전율이 높다는 것은 그만큼 원가절감을 하거나 영업활동을 활발하게 수행해 기업의 활동력이

* 단위 : 억원, 비율 · 분기 : 순액기준

항목	2019/12 (IFRS별도)	2020/12 (IFRS별도)	2021/12 (IFRS별도)	2022/12 (IFRS별도)	2023/12 (IFRS별도)	전년대비 (YoY)
⊕ 총자산회전율	0.60	0.85	1.16	1.40	0.75	-0.65
⊕ 자기자본회전율	3.21	4.72	3.07	2.50	1.23	-1.27
⊕ 순운전자본회전율	2.98	3.40	3.72	4.24	2.50	-1.74
⊕ 유형자산회전율	1.26	1.87	3.42	4.81	2.70	-2.11
⊕ 매출채권회전율	3.87	3.85	5.23	10.67	7.35	-3.31
⊕ 재고자산회전율	3.08	4.15	4.20	4.19	2.50	-1.69
⊕ 매입채무회전율	4.53	5.28	6.69	14.17	13.53	-0.65

네이버페이 증권에서 확인 가능한 라온테크의 총자산회전율, 유형자산회전율

높아지고 있다는 증거이기 때문이다. 유형자산회전율을 보면 2019년부터 2022년까지 꾸준히 우상향하다 2023년 들어 전년 대비 −2.11%p를 달성해 잠시 주춤함을 알 수 있다.

이번에는 1999년 설립된 산업용 로봇 생산업체 휴림로봇의 유형자산회전율을 살펴보자. 네이버페이 증권에서 '휴림로봇'을 검색해 종목분석을 누르고 투자지표로 들어가보자. 활동성 지표를 확인하면 총자산회전율, 유형자산회전율 등을 확인할 수 있다. 휴림로봇 역시 라온테크와 마찬가지로 유형자산회전율이 중요한 업종이다. 유형자산회전율을 보면 2020~2021년 다소 부진했으나 2022년부터 다시 증가했다. 이는 최근 들어 기업의 활동력이 높아지고 있다는 증거다.

항목	2019/12 (IFRS연결)	2020/12 (IFRS연결)	2021/12 (IFRS연결)	2022/12 (IFRS연결)	2023/12 ⊕ (IFRS연결)	전년대비 (YoY)
⊕ 총자산회전율	0.40	0.23	0.23	0.52	0.71	0.19
⊕ 자기자본회전율	0.65	0.40	0.37	0.72	0.95	0.23
⊕ 순운전자본회전율	1.42	2.88	5.59	21.41	-51.94	-73.35
⊕ 유형자산회전율	2.11	1.89	1.97	3.82	3.84	0.03
⊕ 매출채권회전율	2.63	4.02	4.19	8.30	13.95	5.66
⊕ 재고자산회전율	5.34	3.78	5.31	14.85	23.61	8.76
⊕ 매입채무회전율	5.25	4.19	4.80	8.23	10.22	1.99

• 단위 : 억원, 비율   • 분기 : 순액기준

네이버페이 증권에서 확인 가능한 휴림로봇의 총자산회전율, 유형자산회전율

재무제표 핵심 포인트

☑ 총자산회전율은 기업의 총자산을 매출액을 창출하는 데 얼마
나 활용했는지 그 수준을 나타낸다.

☑ 유형자산회전율은 유형자산이 매출액에 얼마나 기여했는지
보여주는 활동성 지표다.

☑ 제조업 기업을 분석할 때 주로 사용하는 수치로 유형자산이
별로 없는 서비스업의 경우 큰 의미가 없는 지표이기도 하다.

2장 투자자를 위한 재무비율 분석

재고자산회전율과
매출채권회전율

매출채권회전율도 재고자산회전율과 마찬가지로 동종 업계 평균
수치와 비교해야 의미가 있다.

재고자산회전율

분석하기

재고자산회전율은 매출액을 재고자산으로 나눈 값으로, 재
고자산이 얼마나 빨리 팔리면서 매출액 창출에 기여했는지 보
여준다.

재고자산회전율=매출액÷재고자산

재고자산이 팔려서 매출액을 창출한다는 논리를 바탕으로 재고자산이 얼마나 빨리 매출로 이어지는지를 나타낸다. 보통 재고자산회전율이 높을수록 좋지만 지나치게 높은 경우 재고 자산이 부족할 수 있어 유의해야 한다. 따라서 재고자산회전율이 업종 평균보다 지나치게 높은 경우 기업은 적정 재고를 늘릴 필요가 있다.

재고자산회전율은 당해 연도에 재고자산이 얼마나 팔려서 매출액을 만들었는지 보여주므로, 수치가 높다는 것은 곧 기업의 제품이 팔리는 속도가 빠르다는 의미다. 산업에 따라 재고 자산회전율도 천차만별이기 때문에 일률적으로 높고 낮음을 비교할 수는 없다. 그렇기에 과거 수치와 비교해 추세가 낮아지는지, 높아지는지 비교해서 평가할 수밖에 없다.

재고자산회전율이 높아지는 추세라면 제품의 수익성이 개선될 것이라 예상할 수 있다. 반대로 재고자산회전율이 낮아지는 추세라면 제품이 팔리지 않고 쌓여 진부화되어 수익성이 악화될 것이라 예상할 수 있다.

한편 '365÷재고자산회전율'로 '재고자산회전기간'을 구할 수 있다. 이는 재고자산이 며칠마다 다 팔리는지 계산한 지표다. 해당 기간이 짧을수록 판매력이 좋은 기업이라는 뜻이다. 재고 자산회전율은 과거보다 매출이 증가하는 추세인 기업일수록 좋으므로 추세를 보고 기업의 활동성을 평가하는 것이 좋다.

매출채권회전율
분석하기

매출채권회전율은 매출채권 대비 매출액이 얼마나 차지하는 지를 비율로 나타낸 것이다. 매출채권이 얼마나 빠르게 회수되 는지 보여준다. 매출채권회전율이 높을수록 현금을 빠르게 회 수하고 있다는 뜻이다. 이는 곧 기업이 제품을 구매하는 구매 자와의 관계에서 우위에 있음을 보여준다.

매출채권회전율=매출액÷매출채권

매출채권회전율은 구매자와의 협상력을 알 수 있는 지표다. 보통 기업은 매출채권을 빨리 현금화하려고 하지만 상황이 여 의치 않은 경우가 많다. 거래 상대방과의 관계가 매출채권 회수

기간을 결정하는 중요한 요인인데, 거래 상대방이 경쟁력을 갖출수록 협상력이 약해지므로 매출채권회전율도 낮아질 가능성이 높다.

해당 기업의 매출채권회전율이 과거보다 낮아지는 추세라면 매출채권 회수에 문제가 생겨 대손이 발생할 가능성이 높아지고 있다는 뜻이다. 기업의 수익성이 악화될 가능성이 높다는 신호일 뿐만 아니라 흑자도산 가능성도 있으므로 위험한 신호에 해당한다. 매출채권회전율도 재고자산회전율과 마찬가지로 동종 업계 평균 수치와 비교해야 의미가 있다. 매출채권회전율이 낮은 기업은 경쟁력이 낮다고 판단해도 좋으니 동종 업종의 평균 수치와 비교해보기 바란다.

☑ 재고자산회전율은 매출액을 재고자산으로 나눈 값으로, 재고 자산이 얼마나 빨리 팔리면서 매출액 창출에 기여하는지 보여 준다.

☑ 매출채권회전율은 매출채권 대비 매출액이 얼마나 차지하는 지를 비율로 나타낸 것이다.

☑ 매출채권회전율도 재고자산회전율과 마찬가지로 동종 업계 평균 수치와 비교해야 의미가 있다.

매출액증가율과
영업이익증가율

네이버페이 증권을 활용하면 포괄손익계산서 지표인 매출액증가율 뿐만 아니라 영업이익증가율도 한눈에 볼 수 있다.

매출액증가율
분석하기

매출액증가율은 전년 대비 매출액이 얼마나 증가했는지를 나타내는 지표다. 매출액은 주된 영업활동으로 벌어들인 수익이므로 기업의 수익성을 보여준다. 매출액이 지속적으로 성장한다는 것은 시장성이 좋다는 것을 증명한다.

매출액증가율=(당기 매출액-전기 매출액)÷전기 매출액

매출액이 증가하는 추세에서 매출액증가율이 지속적으로 양수를 유지하면 기업의 영업이익도 증가할 것이다. 그러면 자연스럽게 현금흐름도 증가하고 주가도 상승할 가능성이 높다. 따라서 매출액증가율의 추세를 분석해 증가세를 보인다면 투자해도 나쁘지 않을 것이다. 만약 매출액증가율이 음수를 보인다면 사업성 때문인지 경제 상황 때문인지 원인을 따져보고 투자 여부를 고민해봐야 한다. 전체적인 거시경제 상황이 좋지 않아서 매출액증가율이 낮은 것이라면 주가가 하락했을 때 해당 주식을 저점 매수하는 것도 좋은 전략일 수 있다.

매출액증가율은 당해 연도만 봐서는 의미 있는 분석을 하기 어렵다. 여러 연도에 걸쳐 추세를 확인해야 한다. 경기에 민감한 업종은 해마다 매출액 변동이 크기 때문에 한 해의 매출액증가율만 가지고 투자 의사결정을 한다면 손실을 볼 가능성이 크다. 최소한 5년 정도 수치를 파악해야 합리적인 의사결정을 할 수 있다.

매출액증가율이 지속적으로 증가세라면 그 기업에 투자해 수익률을 늘려나갈 수 있다. 하지만 지속적인 하락세에 있다면

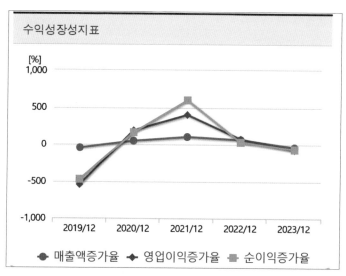

네이버페이 증권에서 확인 가능한 라온테크의 매출액증가율 추이

산업 전체가 쇠퇴하는 경우일 수 있어 투자에 주의해야 한다. 보통 매출액증가율은 물가상승률과 비교하는 것이 적절한데, 최소한 물가상승률보다는 높은 기업에 투자할 것을 권한다.

네이버페이 증권에서 라온테크를 검색한 후에 종목분석을 누르고 재무분석 항목으로 들어가면 매출액증가율 추이를 볼 수 있다. 네이버페이 증권을 활용하면 포괄손익계산서 지표인 매출액증가율뿐만 아니라 영업이익증가율도 한눈에 볼 수 있다. 라온테크는 2021년 주가가 급상승했는데 수익성장성 지표에서 볼 수 있듯이 그해 매출액증가율이 우수했음을 알 수 있다. 이처럼 매출액증가율은 투자에 참고할 만한 유의미한 지표다.

영업이익증가율
분석하기

영업이익증가율은 전기에 비해 영업이익의 증감 추세가 어떠한지를 보여주는 지표다.

영업이익증가율=(당기 영업이익-전기 영업이익)÷전기 영업이익

영업이익증가율이 양수라면 영업이익이 증가하는 추세이므로 기업 가치와 주가가 성장할 가능성이 있다. 영업이익은 조금만 변형하면 기업의 현금흐름이기 때문이다. 기업은 영업레버리지(고정자산을 보유함으로써 고정영업비용을 부담하는 정도) 때문에 매출액증가율보다 영업이익증가율의 변동이 크다. 특히 고정비가 큰 설비산업의 경우 감가상각비 때문에 다른 업종보다 변동성이 큰 편이다. 따라서 매출액증가율보다 영업이익증가율이 훨씬 커야 정상적인 영업활동을 하고 있는 것이다.

만약 영업이익증가율이 매년 비슷하다면 매출액 증가 추세와 비례해 영업비용도 함께 증가하는 것이므로 비용 효율성이 낮아지고 있다는 뜻이다. 이 경우 경영진의 관리능력이 저하되고 있다는 신호이므로 투자를 미루는 것이 현명하다.

영업이익은 기업의 영업활동과 관련된 직접비와 간접비를 차감하기 전 수익인 매출액보다 해당 비즈니스의 본질적 수익성을 잘 반영한 지표다. 따라서 매출액증가율보다 기업의 계속적인 성장률을 확인하는 데 유용하다.

재무제표 핵심 포인트

☑ 매출액증가율은 전년 대비 매출액이 얼마나 증가했는지를 나타내는 지표다.
☑ 영업이익증가율은 전기에 비해 영업이익의 증감 추세가 어떠한지를 보여주는 지표다.
☑ 영업이익은 기업의 영업활동과 관련된 직접비와 간접비를 차감하기 전 수익인 매출액보다 해당 비즈니스의 본질적 수익성을 잘 반영한 지표다.

순이익증가율과
총자산증가율

부채의 증가로 총자산증가율이 높아지는 현상은 바람직하지 않다.
채무자의 몫이 커져 주가가 하락할 수 있기 때문이다.

순이익증가율
분석하기

순이익증가율은 당기순이익이 전기순이익보다 얼마나 증가 추세에 있는지를 보여준다. 기업의 성장성을 가늠할 수 있는 대표적인 지표다. 순이익은 주주에게 배당 가능한 이익으로 귀속되는 만큼 주가에 큰 영향을 미친다. 따라서 순이익증가율이 크다면 그만큼 주가가 상승할 가능성이 크다고 보면 된다. 주가가 상승할 가능성이 높다는 것은 곧 기업의 성장성이 높다고 풀이할 수 있다.

순이익증가율=(당기순이익-전기순이익)÷전기순이익

만약 매출액증가율과 영업이익증가율은 양수로 지속적으로 성장하는데 순이익증가율만 정체되어 있거나 음수를 보인다면 이는 영업외손익의 영향이 분명하다. 보통 영업외손익은 이자 비용이나 법인세 비용, 기타 우발적인 손실의 영향을 받는다. 영업외손익에 영향을 미치는 특별한 사항이 있는지 분석해보고, 경영 과정에서 지속적으로 영업외손실이 우려된다면 해당 기업에 투자하지 않는 것이 타당하다. 한 가지 명심해야 할 점은 단순히 표면적으로 드러난 부분만 믿고 섣불리 결론을 내려서는 안 된다는 것이다.

한편 순이익증가율이 감소했다 하더라도 당기에만 일시적으로 영업외손실이 발생한 것이라면 앞으로의 성장 가능성은 긍정적으로 평가할 수 있다. 따라서 다른 비율과 계정과목을 잘 살펴봐야 한다.

총자산증가율
분석하기

총자산증가율은 당기말 총자산이 전기말 총자산보다 얼마나 증가했는지 추세를 나타내는 지표다. 총자산은 기업 전체의 규모와 기업 가치를 대변하는 요소다. 총자산증가율은 기업 자체가 얼마나 성장하고 있는지를 보여준다고 할 수 있다.

총자산증가율=(기말 총자산-기초 총자산)÷기초 총자산

총자산은 자기자본과 부채로 이뤄져 있다. 자기자본의 증가로 총자산이 성장한 것이라면 긍정적인 현상이다. 주주의 몫이 커진다는 것은 곧 주가가 상승할 가능성이 크다는 것이기 때문이다. 반면 부채의 증가로 총자산증가율이 높아지는 현상은 바람직하지 않다. 채무자의 몫이 커져 주가가 하락할 수 있기 때문이다.

총자산은 기업의 영업활동에 사용하는 영업자산과 영업활동과 무관하게 보유하는 비영업자산이 포함된다. 영업자산의 증가는 매출액과 영업이익을 성장시키는 요인이므로 바람직하다.

그런데 비영업자산에는 성격에 따라 전혀 수익을 내지 않은 무수익자산도 있는데 이 부분은 일종의 비용이라고 볼 수 있다. 무수익자산의 비중이 크다면 주가에 좋은 영향을 주지 못한다. 따라서 총자산증가율이 높더라도 무수익자산의 증가율이 높다면 해당 주식에는 투자하지 않는 것이 좋다. 물론 주가가 기업의 내재적 성장성을 모두 반영하는 것은 아니지만 말이다.

재무제표 핵심 포인트

☑ 순이익증가율은 당기순이익이 전기순이익보다 얼마나 증가 추세에 있는지를 보여준다.

☑ 총자산증가율은 당기말 총자산이 전기말 총자산보다 얼마나 증가했는지 추세를 나타내는 지표다.

☑ 총자산증가율이 높더라도 무수익자산의 증가율이 높다면 해당 주식에는 투자하지 않는 것이 좋다.

유형자산증가율과
자기자본증가율

자기자본은 주주의 몫이므로 자기자본증가율이 크다는 것은 주가
가 상승할 가능성이 크다는 것을 뜻한다.

유형자산증가율
분석하기

유형자산증가율은 당기말 유형자산이 전기말 유형자산보다
얼마나 증가하고 있는지 추세를 나타내는 지표다. 유형자산은
서비스업을 제외한 대부분의 업종에서 수익성의 기초가 되는
자산이므로 유형자산증가율이 높다는 것은 투자를 많이 하는

기업임을 뜻한다. 즉 미래 성장 동력 제고를 위한 경영진의 의지가 확실하다는 것을 보여준다.

유형자산증가율=(기말 유형자산-기초 유형자산)÷기초 유형자산

기업은 수익성이 있는 시장에 진입해 수익을 더 창출하고자 할 때 유형자산에 대한 투자를 확대한다. 얼마나 공격적으로 투자하는지는 유형자산증가율로 증명된다. 새 공장을 증설하거나 기계설비에 투자하는 것은 성장 잠재력에 대한 기업가의 확신 없이는 안 된다. 이로 인해 부채가 크게 증가한다면 조금 위험하지만 유상증자 등을 통해 대주주의 지분율을 늘리면서 유형자산증가율이 늘어난다면 긍정적으로 해석하는 것이 타당하다.

물론 유형자산증가율이 높아진다고 무조건 바람직한 것만은 아니다. 기업의 수익 창출에 기여하는 생산설비와 같은 유형자산의 증가는 생산성 향상에 기여해 긍정적인 영향을 주지만, 반대로 수익 창출에 기여하지 않는 유형자산의 증가는 오히려 경쟁력을 약화시킬 수 있다.

2009년 한국은행이 전국 30만 6,131개 기업(모집단) 가운데 표본으로 추린 7,097개 기업의 결산 자료를 분석한 내용을 보면 우리나라 기업의 현주소를 알 수 있다. 다음은 〈한겨레〉 2009년 5월 20일 기사다.

> 매출액과 자산 규모 성장세는 단연 두드러졌다. 지난해 전체 산업 매출액은 2007년에 견줘 19.1%나 늘어나 95년(21.2%) 이후 가장 높은 증가율을 기록했다. 2007년(9.5%)보다 2배 높은 성장세다. 특히 제조업 매출 증가율은 20.8%로 87년(22.6%) 이후 가장 높았다. 기업이 보유한 총자산 규모도 1년 새 16.0%나 늘어나 통계가 작성된 2002년 이후 최고 수준을 보였다. 한마디로 우리나라 기업의 덩치가 훌쩍 커진 것이다. 하지만 그 속내를 들여다보면 알맹이 빠진 외형 성장에 그쳤다는 게 바로 드러난다. 실제로 유형자산증가율은 14.5%로 2007년(4.9%)의 3배가 넘었지만, 이 가운데 정작 생산능력과 관련된 기계설비 증가율은 2007년 3.1%에서 지난해 2.8%로 오히려 낮아졌다. 제조업의 경우 하락 폭(3.2%→1.9%)이 더 컸다. 이와는 반대로 유형자산 중에서도 토지 및 건물 증가율은 자산 재평가에 따른 자산 가치 상승 등에 힘입어 2007년 4.1%에서 지난해 17.7%로 크게 높아졌다.

자기자본증가율
분석하기

　자기자본증가율은 당기말 자기자본이 전기말 자기자본보다 얼마나 증가하는지 추세를 나타내는 지표다. 자기자본은 주주의 몫이므로 자기자본증가율이 크다는 것은 주가가 상승할 가능성이 크다는 것을 뜻한다. 즉 자기자본증가율이 클수록 주가는 빠르게 성장할 가능성이 크다.

　자기자본증가율=(기말 자본-기초 자본)÷기초 자본

　물론 주식 수가 빠르게 증가하면 그만큼 주가는 증가하지 않을 수 있다. 자본 항목 내부적으로도 이익잉여금이나 기타자본요소가 증가해 자기자본증가율이 증가한다면 곧 주가가 상승하리라는 것을 알 수 있지만, 자본금과 자본잉여금이 증가해 자기자본증가율이 높아졌다면 추가 증자로 인한 물타기 효과로 오히려 주가가 하락할 수도 있다.

　자기자본증가율을 감소시키는 대표적인 활동이 자사주 매입이나 유상감자라 할 수 있는데, 효과에 대해서는 전문가마다 의견이 다르다. 자사주 매입은 「상법」상 자본에서 자본잉여금과 이익잉여금의 일부분을 제외하면 배당가능이익 한도 내에서만 실시할 수 있고 일정 기간 매도가 제한된다. 즉 무제한적으로 자사주 매입을 할 수 없을 뿐더러 법적으로도 감자 요건만큼 자사주 매입 요건도 엄격하다. 다만 단기적으로는 주가 변동을 이끄는 효과가 있다. 주식 수 감소로 인한 부수적 효과인 EPS 증가, 이익의 질적 향상, 대주주 주식 매각 제한으로 인한 주식 시장에서의 신뢰성 향상, 신호 효과로 인한 추가 물량 매수에 따른 주가 상승 등이 발생할 수 있다. 그 결과 단기적으로 주가 부양이 이뤄질 수 있다. 다만 아주 예외적이기는 하나 배당가능이익의 감소로 배당이 줄어들어 그 반대의 효과가 나타나기도 한다.

기업이 추가 투자에 사용할 자금을 자사주 매입에 사용한다면 추가 투자 유인이 없다는 신호로 해석되어 기업의 수익 전망이 나빠질 수 있고, 반대로 기업의 현금 여력이나 유동성이 좋은 것으로 해석될 수도 있다. 따라서 이 부분은 업종이나 상황에 따라서 해석을 달리해야 한다. 다만 자사주 매입이 주가에 긍정적인 신호라는 것이 시장의 일반적인 견해다.

자사주 매입의 효과를 예측할 때 반드시 살펴봐야 할 것이

손익구조다. 손익의 레버리지(고정비가 많이 발생할수록 손익의 변동성이 커지는 구조)에 따라 고정비 투자가 많은 기업이 시장이 불황일 때 자사주를 매입하면 일시적으로 손익에 악영향을 미칠 수 있다. 현금 여력이 부족한데 고정비까지 부담해야 하기 때문이다. 이와 같은 특이한 상황에서는 주가가 폭락하는 경우도 있으므로 주의해야 한다.

재무제표 핵심 포인트

- ☑ 유형자산은 서비스업을 제외한 대부분의 업종에서 수익성의 기초가 되는 자산이므로 유형자산증가율이 높다는 것은 투자를 많이 하는 기업임을 뜻한다.
- ☑ 자기자본은 주주의 몫이므로 자기자본증가율이 크다는 것은 주가가 상승할 가능성이 크다는 것을 뜻한다.
- ☑ 자기자본증가율을 감소시키는 대표적인 활동이 자사주 매입이나 유상감자라 할 수 있는데, 효과에 대해서는 전문가마다 의견이 다르다.

EPS
분석하기

EPS는 주식 한 주에 귀속되는 주주의 몫이므로, EPS의 증가 추세를
분석하면 주가의 추세를 간접적으로 예상할 수 있다.

EPS(Earning Per Share, 주당순이익)는 당기순이익을 발행주식
수로 나눈 값이다. 즉 보통주 1주당 당기순이익이 얼마인지를
나타내는 주당가치비율이다.

EPS=보통주 당기순이익÷유통 보통주식 수

EPS는 주식 1주에 귀속되는 주주의 몫이므로, EPS의 증가

추세를 분석하면 주가의 추세를 간접적으로 예상할 수 있다. EPS는 당기순이익의 크기뿐만 아니라 발행주식 수에도 영향을 받는다. 발행주식 수만 증가시키는 신주인수권부사채의 행사나 전환사채의 행사는 EPS를 희석시켜 주식 가치에 부정적인 영향을 미칠 수 있다. 반대로 무상감자를 통해 주식 수가 감소하면 EPS가 증가해 주주 가치에 긍정적인 영향을 미친다.

배당 여력을
보여주는 EPS

네이버페이 증권에서 라온테크를 검색하면 주가와 함께 EPS 등을 쉽게 확인할 수 있다. 손익계산서상에서는 당기순이익 아래에 주식 1주당 순이익의 개념으로 공시된다. EPS는 주식 1주에 귀속되는 당기순이익의 개념이므로 배당을 가늠해볼 수 있는 좋은 지표다. 기업마다 배당 정책이 다르므로 EPS가 높다고 무조건 배당금이 증가하는 것은 아니지만 배당금 지급 잠재력과 큰 연관이 있는 것은 분명하다.

EPS는 당기순이익이 증가하거나, 분모 항목인 유통 보통주

우리금융지주 316140 코스피 | 2024.03.28 12:30 기준(장중) 월치간 기업개요▾

14,560
전일대비 ▼50 | -0.34%

전일 **14,610**	고가 **14,690** (상한가 18,990)	거래량 **1,610,638**
시가 **14,560**	저가 **14,480** (하한가 10,230)	거래대금 **23,431 백만**

종합정보 | 시세 | 차트 | 투자자별 매매동향 | 뉴스·공시 | 종목분석 | 종목토론실 | 전자공시 | 공매도현황

기업현황 | 기업개요 | 재무분석 | 투자지표 | 컨센서스 | 업종분석 | 섹터분석 | 지분현황   🖨 인쇄

우리금융지주 🖩 🖩 316140   WooriFinancialGroup | KOSPI : 기타금융업 | WICS : 은행

EPS **3,389** | BPS **42,391** | PER **4.31** | 업종PER **5.44** | PBR **0.34** | 현금배당수익률 **6.84%**   12월 결산

- PER : 전일 보통주 수정주가 / 최근 분기 EPS(TTM)
- PBR : 전일 보통주 수정주가 / 최근 분기 BPS(TTM)
- TTM : 최근 4분기 합산
- PER, PBR값이 (-)일 경우, N/A로 표기됩니다.
- 현금배당수익률 : 최근 결산 수정DPS(현금) / 전일 보통주 수정주가
- WICS : WISE Industry Classification Standard, modified by FnGuide
- TTM 데이터가 없는 경우, 최근 결산 데이터로 표시됩니다.

네이버페이 증권에서 확인 가능한 우리금융지주의 EPS

식 수를 감소시켜도 증가한다. 유통 보통주식 수를 감소시키는 방법으로는 유상감자 또는 자사주 매입이 있는데 이러한 방식이 항상 호재인 것은 아니다. EPS를 증가시킬지 몰라도 현금 유출을 통해 자본이 감소하는 결과를 초래할 수 있어 해석에 유의해야 한다.

재무제표가 알려주는 좋은 주식, 나쁜 주식

190

☑ EPS(Earning Per Share, 주당순이익)는 당기순이익을 발행주식 수로 나눈 값이다.

☑ EPS는 주식 1주에 귀속되는 당기순이익의 개념이므로 배당을 가늠해볼 수 있는 좋은 지표다.

☑ EPS는 당기순이익이 증가하거나, 분모 항목인 유통 보통주식 수를 감소시켜도 증가한다.

BPS
분석하기

BPS는 1주당 장부가 기준으로 자본이 얼마나 되는지를 나타낸다.
장부가 기준의 주가라고 볼 수 있다.

BPS란
무엇인가?

BPS(Book-Value Per Share, 주당장부가치)는 재무상태표상 자산
에서 부채를 차감한 잔여 지분인 자본을 발행주식 수로 나눈
값이다.

BPS=장부상 자기자본÷발행주식 수

BPS는 1주당 장부가 기준으로 자본이 얼마나 되는지를 나타
낸다. 장부가 기준의 주가라고 볼 수 있다. 시장가치 기준의 주
가를 BPS로 나누면 PBR이 나오는데 PBR에 대한 설명은 후술
하겠다.

BPS는 발행주식 수의 영향을 많이 받는다. 주식 수가 늘수
록 BPS는 감소하게 되어 있다. BPS는 해당 기업의 순자산이 지
속적으로 성장하는지 파악하기 위해 전기와 금액을 비교하는
용도로 쓰인다. 매기 증가하는 추세에 있다면 주가가 상승하고
있다는 뜻이며, 시장에서 장부가치 대비 해당 종목에 대한 관
심이 높다는 것을 보여준다.

BPS도 네이버페이 증권에서 확인 가능하다. 기초화학 소재
사업을 영위하고 있는 OCI의 경우 2024년 3월 기준 BPS가
13만 2,933원인데 주가는 8만 4,500원으로 BPS보다 낮게 형성
되어 있다. 이는 해당 기업이 장부에 기장된 가치보다 시장에서
낮게 평가받고 있다는 뜻이다.

이번에는 OCI와 반대로 주가 대비 BPS가 낮은 롯데관광개
발의 사례를 살펴보자. 2024년 4월 기준 BPS가 913원인데 주

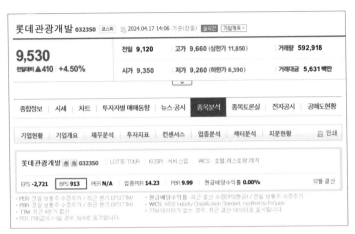

네이버페이 증권에서 확인 가능한 롯데관광개발의 BPS

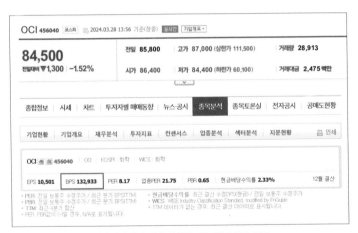

네이버페이 증권에서 확인 가능한 OCI의 BPS

가는 9,530원으로 BPS보다 높게 형성되어 있다. 이는 해당 기업이 장부에 기장된 가치보다 시장에서 높게 평가받고 있다는 뜻이다.

재무제표 핵심 포인트

☑ BPS(Book-Value Per Share, 주당장부가치)는 재무상태표상 자산에서 부채를 차감한 잔여 지분인 자본을 발행주식 수로 나눈 값이다.

☑ BPS는 해당 기업의 순자산이 지속적으로 성장하는지 파악하기 위해 전기와 금액을 비교하는 용도로 쓰인다.

☑ 매기 증가하는 추세에 있다면 주가가 상승하고 있다는 뜻이며, 시장에서 장부가치 대비 해당 종목에 대한 관심이 높다는 것을 보여준다.

PER
분석하기

PER(Price Earning Ratio, 주가이익비율)은 주가를 주당순이익, 즉 EPS
로 나눈 값이다.

적정주가를
판단하는 시금석

PER(Price Earning Ratio, 주가이익비율)은 주가를 주당순이익,
즉 EPS로 나눈 값이다. 현재 주가가 현재 이익 대비 적정한지,
과대평가되었는지, 과소평가되었는지 알 수 있는 지표다.

PER=주식의 시장가치÷EPS

PER은 주가를 추정할 때 많이 사용된다. 해당 기업의 PER을 계산해 전년보다 높거나 업종 평균보다 높으면 과대평가되었다고 판단할 수 있다. 일반적으로 고PER 주식은 되도록 투자하지 않는 것이 유리하고, 저PER 주식은 시장에 비해 과소평가되었으므로 투자하기 좋다는 인식이 있다.

일시적으로 기업에 영업외이익이 발생하거나 영업외비용이 감소해 당기순이익이 높아진 경우 PER이 급락할 수 있는데, 이러한 이유로 저PER 상태가 되었다면 섣불리 투자하지 않는 것이 좋다. 이러한 실수를 방지하기 위해서는 다른 재무비율과 PER을 함께 검토할 필요가 있다.

참고로 네이버페이 증권에서 종목을 검색하면 해당 종목의 PER뿐만 아니라 동일 업종의 평균 PER도 확인할 수 있다.

일반적으로 금리는 주가와 역의 관계에 있다. 즉 금리가 올라가면 주가는 내려가고 금리가 내려가면 주가는 올라가는 모습을 보인다. 그도 그럴 것이 금리가 높으면 안전자산인 예적금의 수익률이 높기 때문에 굳이 위험을 감수하고 주식 시장에 진입할 이유가 없다. 예적금 대비 수익률 면에서 큰 이점이 없다면

IMF 외환위기 전후 주가 움직임

코스피지수

자료: 한국거래소

안전한 은행에 돈을 넣는 것이 이득일 것이다.

실제로 1997년 IMF 외환위기가 닥치면서 기준금리가 20%를 상회했고 이 때문에 주식 시장의 자금 규모는 협소해졌다. 투자자의 돈이 금리가 높은 은행으로 몰렸기 때문이다. 그러나 1998년 이후 금리가 차츰 떨어지면서 자금이 주식 시장으로 유입되기 시작했다. 금리가 하락하면 은행의 이자소득에 만족하지 못하고 증권 시장으로 자금이 몰리게 되어 있다. 금리가 낮으면 주식 시장은 호황이 예상되고, 전체 주가지수가 상승하면 개인이 투자한 종목의 주가도 덩달아 오르곤 한다.

이 밖에 금리와 관련한 다양한 이론이 있지만 가장 많이 쓰이는 것은 PER과 금리를 비교하는 모형이다. PER을 보면 많은 의미를 발견할 수 있다. PER은 주가를 주당순이익, 즉 EPS로 나눈 값이기 때문에 원금 회수 기간으로도 볼 수 있다. 예를 들어 1만 원짜리 주식을 1주 샀는데 BPS가 1천 원이라면, 매달 발생하는 주당순이익인 BPS(1천 원)로 주식을 산 비용(1만 원)을 회수하는 데 10년이 걸린다는 뜻이다. PER이 10이라는 말은 해당 종목의 주가를 순이익으로 회수하려면 10년이 걸린다는 의미다.

한편 '1÷PER'도 의미가 있다. '1÷PER'은 'EPS÷주가'다. 주식에 투자하면 얼마의 이익을 창출하는지에 대한 지표, 즉 주식 투자 시 누릴 수 있는 수익률이라고 보면 된다. '1÷PER'을 시중금리와 비교해 해당 종목에 대한 투자가 예적금이나 채권에 투자하는 것보다 유리한지 판단할 수 있다.

예를 들어 어떤 종목의 '1÷PER'이 5%이고 기준금리가 2%라면 해당 주식에 투자하는 것이 수익률이 더 좋다는 것을 알 수 있다. 따라서 해당 종목에 투자하는 투자자가 늘어날 것이다. 반대로 '1÷PER'가 5%인데 금리가 10%라면 당연히 예적금에 투자하는 것이 이익이다. 만약 '1÷PER'이 5%이고 금리도 5%라면 이 역시 위험이 덜한 예적금에 투자하는 것이 유리하다.

이처럼 PER을 보면 주가가 어느 방향으로 움직일지 예측할 수 있다. 저PER 주식에 투자하면 향후 주가가 상승하리라 예상할 수 있고, 고PER 주식은 주가가 하락할 가능성이 그만큼 크다는 것을 알 수 있다. 초보 투자자라면 PER이 낮을 때 투자해야 한다는 것을 반드시 기억해야 한다. 만일 '1÷PER'보다 금리가 높다면 주식 투자에 신중을 기할 필요가 있다.

재무제표 핵심 포인트

- ☑ PER(Price Earning Ratio, 주가이익비율)은 주가를 주당순이익, 즉 EPS로 나눈 값이다.
- ☑ 저PER 주식은 시장에 비해 과소평가되었으므로 투자하기 좋다는 인식이 있다.
- ☑ 만일 '1÷PER'보다 금리가 높다면 주식 투자에 신중을 기할 필요가 있다.

재무제표가 알려주는 좋은 주식, 나쁜 주식

PBR
분석하기

PBR은 현재 주가 수준이 BPS 대비 고평가되었는지, 저평가되었는
지를 나타내는 지표다.

PBR(Price Book-value Ratio, 주가순자산비율)은 주가를 주당장
부가치, 즉 BPS로 나눈 값이다. PBR은 현재 주가 수준이 BPS
대비 고평가되었는지, 저평가되었는지를 나타내는 지표다.

PBR=주식의 시장가치÷BPS

BPS를 구하는 계산식은 '장부상 자기자본÷발행주식 수'인

데 여기서 장부상 자기자본이란 재무상태표상에서 총자산에서 총부채를 차감한 가치를 뜻한다. 기업이 해산할 때 주주에게 분배할 금액을 의미한다.

PBR이 낮으면 주가가 장부가 기준의 주가보다 저평가되었다고 볼 수 있다. PER은 기업의 동태적인 부분을 반영하고, PBR은 기업의 정태적인 면을 반영하므로 두 지표가 상호보완 관계에 있다고 볼 수 있다.

PBR이 1.0 이상이면 장부가 대비 과대평가된 것이므로 투자에 신중을 기해야 한다. 최근 국제회계기준이 도입되면서 공정가치 평가가 확대되어 PBR이 과거보다 1.0에 가까워졌다. 따라서 PBR이 1.0보다 훨씬 큰 경우 해당 주식에는 투자하지 않는 것이 현명하다.

과거에는 PBR이 주식 투자에서 의미 있는 수치로 받아들여졌지만 제4차 산업혁명 시대가 도래하면서 그 중요성이 크게 낮아졌다. 최근 기업의 형태가 다양화되면서 토지나 설비를 갖추지 않고 영업활동을 하는 기업이 늘어났기 때문이다. 기업의 장부상 유형자산의 가치보다 장부에 기재되지 않은 무형자산의 가치가 더 커진 것이다. 따라서 PBR은 PER이 고평가된 상태에서 거품이 있는지 검토할 때 사용하는 것이 좋다. 물론 철

강, 건설, 조선 등 전통적인 분야에서는 저평가 여부를 검토할
때 PBR을 간과할 수 없다.

재무제표 핵심 포인트

☑ PBR(Price Book-value Ratio, 주가순자산비율)은 주가를 주당장
부가치, 즉 BPS로 나눈 값이다.

☑ PER은 기업의 동태적인 부분을 반영하고, PBR은 기업의 정태
적인 면을 반영하므로 두 지표가 상호보완 관계에 있다고 볼
수 있다.

☑ PBR은 PER이 고평가된 상태에서 거품이 있는지 검토할 때 사
용하는 것이 좋다.

EV/EBITDA
분석하기

EV/EBITDA 비율의 분모는 기업의 수익성이고 분자는 기업의 시장
가치이기 때문에 기업의 수익성 대비 시장가치를 볼 때 유용하다.

EV/EBITDA는 증권가에서 기업 가치를 평가할 때 흔히 사용하는 비율이다. 이 비율은 인수자가 지불할 기업 가치인 EV(시가총액+순부채의 시장가치)를 EBITDA(이자와 법인세, 감가상각비 차감 전의 순이익)로 나눈 비율이다. EV/EBITDA 비율의 분모는 기업의 수익성이고 분자는 기업의 시장가치이기 때문에 기업의 수익성 대비 시장가치를 볼 때 유용하다.

EV/EBITDA=EV(시가총액+순부채의 시장가치)÷EBITDA(이자와 법인

세, 감가상각비 차감 전의 순이익)

분자인 EV가 시가총액과 순부채의 합산인 이유는 기업을
매수할 때 기업의 시장가치와 함께 기업이 차입한 부채까지 떠
안아야 하기 때문이다. 또 EBITDA는 영업이익에 감가상각비
를 더해 구할 수도 있고, 매출액에서 매출원가와 현금 유출비
용만 따로 차감해서 구할 수도 있다. 이때 감가상각비는 기업이
영업활동에 사용하기 위해 취득한 유형자산 또는 무형자산을
매기 일정한 방법으로 비용화한 항목으로 현금 유출이 없는 비
용이다. EBITDA는 EBIT(영업이익)에 감가상각비를 더해 구하
므로 현금 유출입이 있는 수익비용만 고려한 영업이익이라고
볼 수 있다. 즉 영업활동현금흐름의 대용치로 적합하다.
　EV/EBITDA 비율이 1이면 1년간 기업에서 창출한 영업이익
또는 영업활동현금흐름으로 해당 기업을 인수하는 것이 가능
하다는 의미다. 만약 EV/EBITDA 비율이 5라면 5년은 걸려야
영업이익으로 해당 기업을 인수할 수 있다는 이야기다. 따라서
EV/EBITDA가 낮을수록 기업의 수익 창출력보다 기업 가치
가 낮게 평가되어 있다는 뜻이며, 만일 EV/EBITDA가 낮다면

매력적인 인수 대상 기업이라고 볼 수 있다. 해당 비율은 주식 투자에서도 유용하다.

EV/EBITDA가 낮은 기업의 주식은 저평가된 주식일 가능성이 크기 때문에 매수하면 좋다. 참고로 해당 비율은 'EVITDA 마진율'이라는 용어로 공시되곤 한다.

재무제표 핵심 포인트

☑ EV/EBITDA 비율의 분모는 기업의 수익성이고 분자는 기업의 시장가치이기 때문에 기업의 수익성 대비 시장가치를 볼 때 유용하다.

☑ EV/EBITDA 비율이 1이면 1년간 기업에서 창출한 영업이익 또는 영업활동현금흐름으로 해당 기업을 인수하는 것이 가능하다는 의미다.

☑ EV/EBITDA가 낮은 기업의 주식은 저평가된 주식일 가능성이 크기 때문에 매수하면 좋다.

배당 지표
분석하기

해당 기업이 배당 친화적인지 확인할 수 있는 배당 지표로는 배당성향, 사내유보율, 배당률, 배당수익률이 있다.

4가지

배당 지표

'배당'은 기업이 일정 기간 동안 벌어들인 당기순이익을 사내에 유보하지 않고 주주들에게 지급하는 것을 말한다. 주주총회를 거쳐 지급하는 '배당금'은 주주에 대한 회사의 이익분여금이라고 볼 수 있다. 해당 기업이 배당 친화적인지 확인할 수 있는 배당 지표로는 배당성향, 사내유보율, 배당률, 배당수익률이 있다.

1. 배당성향

배당을 얼마나 주는지 보여주는 대표적 비율이다. 배당성향은 당기순이익 가운데 현금으로 지급한 배당금 총액의 비율을 말한다. 다른 용어로 '배당지급률'이라고도 한다. 만약 당기순이익이 100만 원인데 주주총회를 거쳐 배당금으로 50만 원이 지급되었다면 배당성향은 50%가 된다.

배당성향=배당금 총액÷당기순이익

배당성향이 클수록 당기순이익에서 배당금으로 지급되는 비중이 높아지기 때문에 재무구조 악화의 원인이 되기도 한다. 반대로 배당성향이 낮으면 사내유보율이 높아져 미처분이익잉여금이 늘 수 있다. 이는 다른 의미로 사내유보금을 통한 재투자 여력이 증가했다는 뜻이기도 하다.

배당성향이 크다고 해서 나쁜 것만은 아니다. 배당성향이 크면 그만큼 주주 입장에서는 현금으로 받는 이익이 늘기 때문에 주식의 매력도가 상승한다. 그래서 배당성향이 높으면 주가에 긍정적인 영향을 줄 수 있다.

2. 사내유보율

사내유보금은 당기순이익에서 배당금으로 주주에게 주고 회사 내부에 남은 금액을 뜻한다. 이 사내유보금이 당기순이익에서 차지하는 비율이 사내유보율인데 '1-배당성향'으로도 구할 수 있다. 만약 당기순이익이 100만 원인데 40만 원을 배당으로 지급했다면 60만 원은 사내유보금이 되고, 사내유보율은 60%가 된다. 기업 입장에서는 사내유보율이 높을수록 재투자할 재원이 많아진다는 뜻이다.

사내유보율=사내유보금(당기순이익-배당금)÷당기순이익

사내유보율은 일반적으로 성장을 위한 투자가 많이 필요한 고성장 기업에서 다소 높게 나타난다. 이런 기업은 배당성향을 낮게 유지하다 어느 정도 궤도에 오르면 사내유보율을 줄이고 배당성향을 높이는 모습을 보인다.

3. 배당률

배당률은 액면가 대비 배당금의 비율이다. 주식 액면가에 비해 배당을 얼마나 지급하는지를 알려준다는 점에서 주식에 대한 순배당수익률을 알려주는 유용한 지표다. 여기서 주식의 액면가란 주식의 순가치라 할 수 있다. 주식의 액면가는 쉽게 변하지 않기 때문에 다른 지표보다 안정적으로 배당금의 수준을 나타낸다. 참고로 주식의 액면병합과 액면분할로 액면가가 변하면 배당률도 영향을 받는다.

배당률=주당 배당금÷액면가

4. 배당수익률

배당수익률은 주식의 액면가가 아닌 시장가치 대비 주당 배당금이 얼마인가를 나타내는 비율이다. '시가배당수익률'이라고도 한다. 만약 시장에서 주가가 10만 원이고 주당배당금이 5천 원이라면 배당수익률은 5%가 된다.

배당수익률=주당 배당금÷주식의 시장가치

배당수익률은 배당으로 얻게 되는 실질적 수익률을 알려주는 지표다. 현재 시장의 주가를 기준으로 배당수익률이 10%라면 지금 해당 주식에 투자했을 때 실질수익률이 세전 10%라는 뜻이다. 다만 주당 배당금은 전년도 배당을 기준으로 하므로 해당 배당금이 그대로 유지된다는 보장은 없다.

배당수익률이 높다는 것은 배당금이 높거나 주식의 시장가치가 낮다고 해석할 수 있다. 그래서 배당수익률이 높은 주식에 투자할 경우 저평가된 주식일 가능성이 크다. 배당수익률이 높은 주식에 투자하면 시세차익을 볼 가능성이 그만큼 큰 것이다.

재무제표 핵심 포인트

- ☑ 배당성향은 당기순이익 가운데 현금으로 지급한 배당금 총액의 비율을 말한다. 다른 용어로 '배당지급률'이라고도 한다.
- ☑ 사내유보금이 당기순이익에서 차지하는 비율이 사내유보율인데 '1-배당성향'으로도 구할 수 있다.
- ☑ 배당수익률이 높다는 것은 배당금이 높거나 주식의 시장가치가 낮다고 해석할 수 있다.

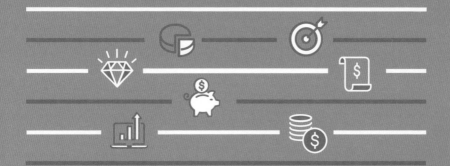

3장

ESG 평가와
저평가된
비친환경 기업들

"10년을 바라볼 주식이 아니면
10분도 소유하지 마라."
_워런 버핏

ESG란
무엇인가?

최근 ESG라는 키워드가 화두가 되면서 ESG 경영, ESG 투자 등이
자주 거론되고 있다.

ESG가
대두되다

　　최근 ESG라는 키워드가 화두가 되면서 ESG 경영, ESG 투
자 등이 자주 거론되고 있다. ESG란 환경(Environmental), 사회
(Social), 지배구조(Governance)의 앞글자를 따서 만든 용어로,
회사가 사업을 영위함에 있어 환경과 사회를 고려하고 건전한

지배구조 및 의사결정이 필요하다는 의미로 쓰이고 있다. '지속가능경영'에 대한 새로운 기준을 제시한다고 볼 수 있다. 기업의 경영은 기업의 주가와도 관련이 깊기 때문에 자연스럽게 ESG 관점의 투자도 주목받고 있다.

ESG 경영에 대한 관점은 2006년경 등장했지만 본격적으로 화두에 오른 것은 2018년부터였다. 2018년, 세계 최대 규모의 자산운용사 블랙록의 CEO 래리 핑크는 투자 기업들의 CEO에게 ESG를 강조하는 '기업의 목적의식'이란 제목의 연례 서한을 보냈다. 2020년엔 기후 변화에 대응하지 못하는 기업에는 투자하지 않겠다며 변화를 촉구한 바 있다. 그는 "기업의 사회적 영향력을 평가하고 직장 내 다양성을 인정하며 기후 변화가 장기 성장에 얼마나 영향을 미칠지 고민하자."며 ESG 경영을 촉구했다.

래리 핑크가 유수의 기업들의 CEO에게 비재무적인 요소인 ESG에 관한 문제를 장기적인 가치 창출의 관점에서 해결해야 한다고 촉구한 이유는 무엇일까? 그가 기업들에게 비재무적 요소인 ESG를 강조한 것은 소위 '돈 버는 일'은 그만두고 환경, 사회, 지배구조에만 집중하라는 취지가 아니다. 고객의 돈을 맡아서 수익을 내는 자산운용사의 첫 번째 목적은 단연 투자 수

익 추구이기 때문이다. 블랙록 역시 당연히 수익을 추구해야
한다. 래리 핑크는 장기적인 관점에서 ESG 경영이야말로 안정
적이고 리스크가 적은 가치 창출의 방향성이라 여긴 것이다.

 ESG 요소를 고려하고, ESG 경영을 실천해야만 회사가 여러
리스크를 피하고 장기적으로 성장할 수 있다고 판단해 블랙록
이 투자한 기업들의 CEO에게 ESG 경영을 시작하라 촉구한
것이다. 일견 회사의 이익보다는 사회적인 가치를 중요시한 것
같지만 결국 장기적인 관점에서는 회사의 가치 증대와 주가 상
승을 위한 경영의 독려였다.

 래리 핑크가 ESG 경영을 실천하지 않으면 투자하지 않겠다
는 취지의 서한을 공개적으로 보낸 것에 대해 CEO들은 어떤
반응을 보였을까?

 1972년 설립된 비즈니스 라운드테이블(Business Roundtable)은
건전한 공공정책을 통해 미국 경제의 번영과 모든 미국인에게
새로운 기회의 장을 제공하겠다는 목적 아래 활동하는 미국의
CEO 협회다. 해당 협회는 2019년 아마존의 제프 베조스, 애플
의 팀 쿡, 제너럴모터스의 메리 바라, 오라클의 새프라 캐츠 등
약 181명의 CEO가 서명한 '기업의 목적에 대한 성명'을 발표했
다. 이는 래리 핑크가 2018년 발송한 '기업의 목적의식'과 유사

한 제목이어서 화제가 되었다. 내용 역시 래리 핑크가 촉구한 ESG 경영에 대한 화답이었다.

우리는 다음의 사항들을 약속합니다.

1. 우리 고객에 대한 가치 제공: 고객의 기대에 부응하거나 뛰어 넘는 방식을 선도하는 미국 기업의 전통을 더욱 발전시킬 것 입니다.

2. 우리 근로자들에 대한 투자: 이것은 그들에게 공평하게 보상 하고 중요한 이익을 제공하는 것으로부터 시작합니다. 이는 또 한 급변하는 세상에 대처하기 위한 새로운 기술을 개발하는 데 도움이 되는 훈련과 교육으로 그들을 지원하는 것도 포함합니 다. 우리는 다양성과 포용성, 존엄성과 존중을 기릅니다.

3. 공급업체와의 공정하고 윤리적인 거래: 우리는 우리의 임무 를 수행하는 데 도움을 주는 다른 중소기업에게 좋은 파트너 로서 역할을 하는 데 헌신하고 있습니다.

4. 우리가 일하는 지역사회에 대한 지지: 우리는 우리의 지역사 회 시민을 존중하고 사업 전반에 걸쳐 지속가능한 방식을 수 용함으로써 환경을 보호합니다.

5. 회사가 투자, 성장 및 혁신을 할 수 있는 자본을 제공하는 주

주에게 장기적인 가치를 창출: 우리는 주주와의 투명성과 효과적인 참여를 위해 헌신합니다.

이처럼 유수의 기업의 CEO가 래리 핑크의 요구에 호응하면서 ESG 경영은 커다란 시대의 흐름으로 자리 잡았다. CEO들이 주주 우선주의에서 벗어나 이해관계자 모두를 고려하겠다고 대외적으로 천명한 것은 분명한 변화의 시작이다.

국내 ESG 경영의 흐름

국내에서도 ESG 경영을 전면적으로 받아들이는 흐름이 형성되었다. 연기금 등 기관투자자 및 민간 투자의 영역뿐만 아니라 대한민국 정부에서도 ESG에 관한 법규를 만들기 위해 관련 인프라를 구축했다. 기획재정부는 2021년 8월 관계부처와 합동해 지속가능한 성장을 위한 ESG 인프라 확충 방안을 제시한 바 있다. 내용을 보면 기업의 ESG 경영을 확산하고, 이에 따른 ESG 투자를 활성화하고, ESG 정보 플랫폼 및 통계 자료를 구축하겠다는 포부가 담겨 있다. 구체적으로는 기업의 ESG 초기 진입 부담 완화 등을 위해 범부처 합동의 'K-ESG 가이드라인'을 마련하고, 글로벌 표준화 논의에 적극 참여하고, 코스피 상장사를 대상으로 기업지배구조 보고서는 2026년부터, 지속가능경영 보고서는 2030년부터 공시를 단계적으로 의무화하겠다는 계획이다. 또한 ESG 관련 각종 정보공개제도와 ESG 공시 간 연계 강화를 통해 기업의 공시 부담을 완화할 것을 발표했다.

실제로 기획재정부는 2022년 2월 지속가능한 성장으로의 패러다임 전환을 위해 공공기관의 ESG 공시 항목을 대폭 확대한다고 밝혔다. 해당 안에 따르면 향후 공공기관은 환경 부문에서 연간 에너지 총 사용량, 연간 폐기물 발생 실적, 연간 용수 사용량을 매년 4월 공시해야 하며 환경 관련 법규 위반 사항은 수시로 공시해야 한다. 저공해 자동차 보유·구매 현황은 매년 7월 공시해야 한다. 사회 부문에서는 개인정보위원회의 공공기관 개인정보 보호 진단 결과, 기관의 인권경영체계 구축 및 이행 현황, 중소벤처기업부의 공공기관 동반성장 평가 결과를 매년 7월 공시해야 한다. 지배구조 부문에는 매년 4월 기관 자체 감사부서 설치 및 운영 현황을 공시하고, 매년 7월 권익위원회의 공공기관 종합청렴도 평가 결과를 공시해야 한다.

더불어 ESG 투자 활성화를 위해 ESG 채권·펀드 활성화, 시장 자율규제체계 구축, 공공 부문 ESG 투자 활성화를 구체적인 실천방법으로 제시했다.

먼저 ESG 채권·펀드 활성화를 위해 EU, ISO 등 해외 분류체계를 바탕으로 국내 경제·산업 여건을 고려해 한국형 녹색분류체계를 마련하고, 민간의 사회적 채권 발행 촉진 등을 위해 발행 절차, 대상 사업, 사회적 효과 산정 방안 등을 제시하는 가이드라인을 마련한다. 또한 다양한 ESG지수를 개발해 ESG 관련 ETF 등 ESG지수 연계 상품 출시를 유도하고, ESG 채권의 하나로 지속가능연계채권(SLB) 도입을 검토한다. 사회책임투자(SRI) 채권에 대한 외부 검토 비용 지원을 통해 비용 부담을 완화하고, 시장 자율적 생태계 조성을 촉진할 것을 발표했다.

시장 자율규제체계 구축을 위해 'ESG 평가기관 가이던스'를 마련하고, 기관투자자의 수탁자책임 범위에 환경 등 ESG 요소가 포함되도록 스튜어드십 코드 개정을 검토한다.

공공 부문 ESG 투자 활성화를 위해 기금 운용 및 연기금 투자풀 운용 시 ESG 투자를 촉진할 수 있도록 관련 평가 항목을

확대·신설하고, 국민연금의 ESG 투자 활성화를 추진하고, 정
책금융 지원 시 ESG 평가요소 활용 및 ESG 우수 기업에 대한
맞춤형 상품 등을 제공하고, 기업의 ESG 성과와 대출금리를
연계한 지속가능연계대출(SLL) 상품 도입 등을 검토한다.

ESG 이슈의
기원과 현재

특정 회사가 ESG 관점에 부합하게 경영하는지 여부는 여러 기준으로 평가가 가능하다.

UN의
책임투자원칙

UN은 코피 아난 사무총장이 재직 중이었던 2006년 명시적으로 'ESG'를 언급한 '책임투자원칙(Principles for Responsible Investment)'을 공개한 바 있다. 책임투자원칙은 ESG와 투자를 통합하기 위해 국제 기관투자자 그룹에 의해 개발되었다.

1. 우리는 ESG 사안을 투자 분석 및 의사결정 프로세스에 통합할 것이다.

2. 우리는 적극적인 소유자(Owner)가 될 것이며 ESG 문제를 소유권(Ownership) 정책 및 관행에 통합할 것이다.

3. 우리는 우리가 투자하는 기업의 ESG 사안에 대한 적절한 공개를 추구할 것이다.

4. 우리는 투자 산업 내에서 본 책임투자원칙의 수용과 이행을 촉진할 것이다.

5. 우리는 본 책임투자원칙을 이행하는 데 있어 효율성을 높이기 위해 함께 노력할 것이다.

6. 우리는 본 책임투자원칙 이행을 위한 우리의 활동과 진행 상황에 대해 각 보고할 것이다.

UN의 책임투자원칙에 공감하고 서명에 참여할 수 있는 주체로는 자산 소유자, 자산운용사, 서비스 제공자가 있다. 자산 소유자는 장기저축, 보험 및 기타 자산의 소유자를 대리하는 기관으로 연기금펀드, 국부펀드, 기부금, 보험 및 재보험 회사 및 예금을 관리하는 금융기관 등이다. 자산운용사는 기관 또는 소매 시장에 서비스를 제공하는 제3자로 투자금을 관리 또는 통제하는 주체다. 서비스 제공자는 앞서 살펴본 자산 소유자 또는 자산운용사에게 제품 또는 서비스를 제공하는 주체다.

책임투자원칙을 지지한 서명자의 수는 2006년 63명에서 해마다 완만히 증가했다. 블랙록의 CEO 래리 핑크가 ESG 경영을 촉구한 2018년에는 전년 대비 22% 이상 큰 폭으로 증가한 바 있다. 이후 ESG 이슈 및 책임투자원칙에 대한 세간의 관심이 주목되면서 2019년부터는 16% 이상 증가율을 보였다.

민간 영역에서 ESG 투자에 대한 관심도가 높아지고 기업도 ESG 경영을 위해 여러 요소를 준수하기 시작하자 미국 행정부의 수장인 조 바이든 대통령도 ESG 관점에 따른 공적자금 투자와 개선을 추구하겠다고 발표했다. 조 바이든은 현대적이고 지속가능한 인프라와 공정한 클린에너지의 미래를 위해 미국 GDP의 약 10%에 해당하는, 대한민국의 GDP보다 큰 2조 달러의 예산을 투자하겠다고 공약했다. 2050년까지 온실가스 순배출량을 '0'으로 만들고 수백만의 양질의 일자리를 만들겠다고 공약했다.

바이든 정부는 실제로 취임 직후 전임 대통령이 2017년 6월경 탈퇴한 '파리기후변화협약'에 재가입하는 행정명령에 서명했다. 더불어 글로벌 온실가스 감축 노력 동참을 촉진하기 위해

'탄소국경조정제도' 검토를 시사했다. 탄소국경조정이란 탄소 감축을 위해 자국 산업이 추가 부담한 비용을 관세 형식으로 수입 상품에도 부과하고, 자국 상품 수출 시 탄소 감축 비용을 환급해주는 조치다.

백악관이 2021년 3월 발표한 미국 일자리 계획에 의하면 2050년까지 온실가스 순배출량을 '0'으로 할 것을 다시 한번 선언했으며, 기후 관련 특별조직으로 기후정책실과 보직을 신설하고, 기후 변화 대응 행정명령을 통해 공약 실현에 속도를 냈다. 바이든 정부는 150억 달러를 유틸리티 규모의 에너지 저장, 탄소 포집 및 저장, 수소, 첨단 원자력, 희토류 원소 분리, 부유식 해상 풍력, 바이오 연료 및 바이오 제품, 양자컴퓨팅 및 전기자동차를 포함한 기후 R&D 우선의 프로젝트에 투자한다고 밝혔다.

백악관은 도로, 교각, 대중교통, 전기차 인프라 등의 구축에 6,210억 달러를 투입한다고 밝혔고, 예산 중 28%인 1,740억 달러를 전기차 보급에 투자하기로 결정했다. 구체적으로는 전기차 구매 보조금(1천억 달러), 전국 50만 개 전기차 충전소 건설(150억 달러), 대중교통(통학버스) 전기차 교체(450억 달러) 등에 배정되었다.

이처럼 바이든 정부는 환경, 인프라 분야를 중점으로 ESG 실현을 위한 투자를 단행했다.

주식회사의 ESG 관련
성과 측정 모델

기업의 ESG 관련 성과를 측정할 때 환경, 사회, 지배구조를 드러내는 비재무적 지표는 구체적으로 어떠한 것이며, 어떤 기준으로 평가할 수 있을까?

우선 환경은 기업을 경영하는 과정에서 기후 변화 및 탄소 배출, 환경오염, 환경 규제, 생태계 및 생물 다양성, 자원 및 폐기물 관리, 에너지 효율 등 환경에 관한 요소를 본다. 사회는 기업의 소비자, 지역사회, 근로자, 협력사, 경쟁사를 두루 고려한 사회적 책임의 요소이며, 지배구조는 이사회 및 감사위원회의 구성, 기업 윤리, 컴플라이언스, 반부패, 기업 지배구조 등에 관한 요소다.

한국ESG기준원에 의하면 환경의 핵심 지표는 'ISO 14001' 등 환경경영인증, 사업보고서에 환경 정보 공개, 환경경영 조직

보유, 임직원을 대상으로 한 환경 교육, 환경 성과 평가 체계 구축, 온실가스 배출량, 에너지 사용량, 유해화학물질 배출량, 용수 사용량 및 재이용량, 폐기물 배출량 및 재활용량 등으로 구성되어 있다. 즉 회사가 운영되면서 주변 환경에 미칠 수 있는 영향을 친환경적 요소를 고려해 평가한다고 볼 수 있다.

사회의 핵심 지표는 기간제근로자 비중, 인권보호 프로그램 운영, 여성 근로자의 비중, 협력사 지원, 공정거래 프로그램 운영, 부패 방지 프로그램 운영, GMP 등 소비자 안전 관련 인증, 제품 및 서비스 안전성 인증, 사회공헌 지출액 등으로 구성되어 있다. 즉 해당 기업을 둘러싼 소비자, 지역사회, 근로자, 협력사, 경쟁사 등 여러 당사자와의 작용과 영향에 관한 요소다.

지배구조의 핵심 지표는 주주가 의결권을 잘 행사할 수 있는 주주총회 개최, 주식 배당, 기업 지배구조 공시, 이사회의 독립성, 이사회의 운영 실적, 이사회 내 전문위원회, 이사회 운영 규정 등 공개, 감사기구의 적절한 구성, 감사위원회의 운영 현황, 외부감사인의 독립성, ESG 등급 공개 등으로 구성되어 있다. 즉 기업의 구조와 경영 방식, 기업의 출자구조 등에 대한 요소다.

그럼 이러한 비재무적 요소는 과연 '측정' 가능한 것일까? 비록 ESG는 재무적 요소처럼 숫자로 표현되는 성질의 것은 아니지만 특정 회사가 ESG 관점에 부합하게 경영하는지 여부는 여러 기준으로 평가가 가능하다.

회사가 얼마나 ESG 친화적으로 경영하는지에 관해 여러 기관에서 각자의 방법으로 정보를 수집하고 각자의 방법으로 평가를 수행한다. 통일된 기준이 아니므로 평가 결과도 동일하게 나오지는 않는다. 따라서 기관별 ESG 평가를 복합적으로 살펴보는 것이 정확한 ESG 평가의 시작점일 것이다.

ESG 평가를 제공하는 기관은 MSCI, 서스테이널리틱스, S&P, 블룸버그, 파이낸셜타임즈 증권거래소그룹(FTSE), ISS 등이 있으며 국내에는 한국ESG기준원과 서스틴베스트가 있다. 평가 지표별 자세한 내용은 다음과 같다.

1. MSCI ESG 평가

MSCI ESG 평가(MSCI ESG Ratings)는 세계에서 가장 큰 규모의 ESG 성과 측정 모델로 전 세계 8,500개 이상의 회사(자회사 포함 1만 4천 개 회사)와 68만 개 이상의 주식, 채권을 평가하고 각 회사에 대해 수천 가지 자료를 수집한다. MSCI ESG 평가는 회사의 핵심 비즈니스 및 중대한 위험과 기회를 생성할 수 있는 산업별 문제 사이의 교차점에 초점을 둔 기준으로 기

MSCI ESG 평가 기준

기후 변화	환경 (0~10까지 점수 부여)			사회 (0~10까지 점수 부여)				지배구조 (0~10까지 점수 부여)	
	천연자원	오염·쓰레기	환경 관련 기회	인적자원	제품에 대한 책임	이해관계자 관리	사회적 기회	지배구조	기업 형태
이산화탄소 배출	수자원 이용량	독성 물질 배출 및 폐기물	클린테크	노사 관계	제품 안정성과 품질	윤리적 자원 조달	통신 접근성	이사회 구조	기업 윤리
제품의 탄소 발자국	생물 다양성과 토양 사용	포장재 및 쓰레기	친환경 건축	건강과 안전	화학물질에 대한 안전	지역 사회와의 관계	금융 접근성	급여	투명한 납세
금융의 환경 영향	원자재 수급	전기 사용량	재생 에너지	인적자원 개발	소비자에 대한 금융 보호	전기 사용량	헬스케어 접근성	소유와 경영 분리 등 오너십 구조	
기후 변화 대응				공급망 내의 「근로기준법」 준수	개인정보 보안		영양·보건 분야의 기회	회계	
					책임 있는 투자				
					건강 및 인구 통계학적 위기에 대한 보장				

업을 평가한다. 주요 문제는 위험 또는 기회의 영향 및 시간 범위에 따라 가중치가 부여된다.

MSCI ESG 평가는 정부, 학계, NGO 등으로부터 수집한 산업 또는 지리적 수준의 거시적 데이터, 회사의 공개 자료, 정부 데이터베이스, 3,400개 이상의 언론 매체, 다른 이해관계인에 의한 특정 회사 정보 등을 바탕으로 등급을 매긴다. 그 결과 평가 대상 회사는 AAA에서 CCC까지 등급이 부여된다.

2. 서스테이널리틱스 ESG 리스크 평가

서스테이널리틱스는 시카고에 본사를 둔 미국 금융회사 모닝스타의 자회사로 전 세계 4만 개 회사에 대한 데이터를 제공하고, 172개 국가 및 2만 개 회사에 대한 ESG 리스크 평가를 제시한다. 서스테이널리틱스는 특정 회사의 ESG 리스크에 대해 0점에서 50점 사이의 계량화한 점수를 제공하며, 점수가 낮을수록 ESG 경영에 충실하고 안전한 기업이란 뜻이다.

ESG 리스크 평가 기준은 지배구조, 중요한 ESG 이슈, 심각한 ESG 이슈 3가지다. 서스테이널리틱스는 3가지 요소를 평가할 때 기업의 ESG 리스크에 대한 노출(Exposure) 및 해당 리스크에 대한 관리(Management) 차원에서 점수를 평가한다.

ESG 리스크 평가 초안이 나오면 각 회사에 이를 송부해 피드백을 받고, 정보의 정확성을 높이고자 추가로 최신의 정보를 반영한다. 평가 대상 회사의 피드백 절차를 거친 이후 ESG 리스크 점수 리포트가 공개된다.

3. S&P 글로벌 ESG 점수

S&P 글로벌 ESG 점수는 각 평가 항목별로 리스크를 평가해 1에서 5까지 점수를 매기는 지표다(높을수록 부정적). 최근에는 이런 정략적 점수 대신 애널리스트의 의견을 중심으로 평가를 대체하겠다고 밝혔다. 일각에서는 공화당을 중심으로 ESG의 실효성에 대한 정치적 공세가 가열되자 이런 결정을 내린 게 아니냐는 견해가 제기되었다.

4. 한국ESG기준원 ESG 평가

한국ESG기준원은 비재무적 위험과 기회를 관리함으로써 지속가능경영을 실천하고 책임투자 시장에 대한 자본 접근성을 향상한다는 목적 아래 국내 상장사를 대상으로 ESG 평가를 하고 있다. 기본평가는 기업 특성별로 분류한 이후 가점 방식을 취하고 있으며, 심화평가는 부정적 ESG 이슈에 대한 감점

한국ESG기준원 ESG 등급

S (탁월)	탁월한 지속가능경영 체제를 구축하고 있어 타기업과 지속가능경영 전반에 모범이 되고 있는 상태
A+ (매우 우수)	매우 우수한 지속가능경영 체제를 구축하고 있으며 지속적으로 우수한 성과를 보이는 상태
A (우수)	비교적 우수한 지속가능경영 체제를 구축하고 있으며 체제 고도화를 위한 노력이 필요한 상태
B+ (양호)	양호한 지속가능경영 체제를 구축하고 있으며 체제 개선을 위한 지속적 노력이 필요한 상태
B (보통)	다소 취약한 지속가능경영 체제를 구축하고 있는 상태로 체제 개선을 위한 지속적 노력이 필요한 상태
C (취약)	취약한 지속가능경영 체제를 구축하고 있으며 체제 개선을 위한 상당한 노력이 필요한 상태
D (매우 취약)	매우 취약한 지속가능경영 체제를 구축하고 있으며 체제 개선을 위한 상당한 노력이 필요한 상태

방식을 적용한다. 최종 등급은 기본평가 점수 백분율에서 심화평가 점수 백분율을 차감한 값을 기준으로 산정한다.

기업에 대한 ESG 평가 문항은 18개 대분류, 265개 평가 항목으로 구성되어 있으며 상세 문항은 평가 대상 기업만 확인 가능하다. 다만 ESG 모범 규준 및 관련 가이드라인은 한국ESG기준원 사이트(www.cgs.or.kr)에 공개되어 있다.

한국ESG기준원의 각 기업에 대한 ESG 평가 등급과 요약 보고서는 한국거래소 ESG 포털(esg.krx.co.kr)에 공개되어 있다. 요약 보고서를 통해 기업의 ESG 등급 추이와 종합적인 관리체계 및 ESG 리스크 수준도 파악할 수 있다.

5. 서스틴베스트 ESG 평가

서스틴베스트는 투자자를 포함한 각 이해관계자의 관점에서 기업의 지속가능경영 수준을 평가한다. 서스틴베스트는 각 지표가 반영하는 핵심 ESG 이슈에 대한 산업별 리스크 노출도 수준, 핵심 ESG 이슈가 기업의 재무적 성과에 미치는 영향, 마지막으로 기업의 자산 규모를 고려해 지표 간 상대적 중요성을 근거로 가중치를 산정한다. 가중치는 매년 데이터의 접근성을 고려해 조정한다. 예를 들어 반도체 및 반도체 장비 부문은 환경 25%, 사회 35%, 지배구조 40%의 가중치를 가지고 있으며, 은행은 환경 5%, 사회 40%, 지배구조 55%의 가중치를 가지고 있다.

서스틴베스트는 ESG 점수 평가뿐만 아니라 ESG 리스크와 관련한 주의 알림표도 발행한다. ESG 관련 논란사항이 발생했을 경우 1회 평가에 한정하는 것이 아니라 해당 사건의 심각성,

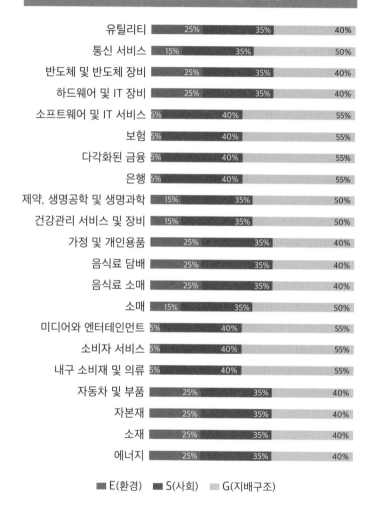

서스틴베스트 ESG 평가 섹터별 가중치

섹터	E(환경)	S(사회)	G(지배구조)
유틸리티	25%	35%	40%
통신 서비스	15%	35%	50%
반도체 및 반도체 장비	25%	35%	40%
하드웨어 및 IT 장비	25%	35%	40%
소프트웨어 및 IT 서비스	5%	40%	55%
보험	5%	40%	55%
다각화된 금융	5%	40%	55%
은행	5%	40%	55%
제약, 생명공학 및 생명과학	15%	35%	50%
건강관리 서비스 및 장비	15%	35%	50%
가정 및 개인용품	25%	35%	40%
음식료 담배	25%	35%	40%
음식료 소매	25%	35%	40%
소매	15%	35%	50%
미디어와 엔터테인먼트	5%	40%	55%
소비자 서비스	5%	40%	55%
내구 소비재 및 의류	5%	40%	55%
자동차 및 부품	25%	35%	40%
자본재	25%	35%	40%
소재	25%	35%	40%
에너지	25%	35%	40%

■ E(환경)   ■ S(사회)   ▓ G(지배구조)

재발 가능성, 지속성 등의 관점에서 이해관계자들에게 부정적
인 영향을 줄 수 있는지 평가해 점수에 반영한다.

ESG 투자법과
투자 현황

지속가능한 투자는 2012년 13조 달러 규모에서 2014년 21조 달러를 돌파했고, 2020년 들어 40조 달러를 넘어섰다.

ESG 투자
7가지 방법론

글로벌지속가능투자연합(GSIA)은 2012년부터 보고서를 발표해 ESG 관점의 투자 방식을 정리한 바 있다. 구체적인 내용은 다음과 같다.

1. ESG 통합: ESG 요소를 체계적이고 명시적으로 재무적 분석에 포함시키는 방법론

2. 기업관여활동 및 주주행동: 직접적인 기업 경영 관여, 주주제안 제출, 포괄적인 ESG 지침에 따른 대리 투표 등을 포함한 기업 행동에 영향을 미치기 위한 주주의 권리를 사용하는 행동들을 기반으로 한 투자 방식

3. 규범기반 심사: UN, ILO, OECD, NGO에서 발행한 국제 규범에 근거해 우수한 기업을 대상으로 투자하는 방식

4. 네거티브 심사: 특정 ESG 기준에 따라 투자할 수 없는 것으로 간주되는 활동을 한 기업을 펀드나 포트폴리오에서 제외하는 방식

5. 포지티브 심사: 동종 업계에 비해 긍정적인 ESG 성과를 달성하고 정의된 임계값 이상의 등급을 달성한 회사 또는 프로젝트에 투자하는 방식

6. 지속가능 테마 투자: 환경을 강조하는 지속가능한 솔루션에 특별히 기여하는 테마나 자산에 투자하는 방식

7. 임팩트 투자: 재무적 성과보다는 환경, 사회 본연의 목적 위주로 투자 대상을 선정 또는 소외계층이나 지역사회를 대상으로 특화된 투자 방식

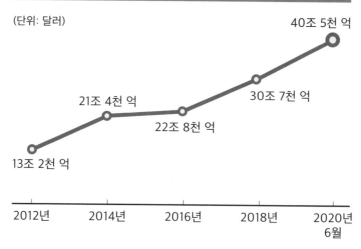

(단위: 달러)

40조 5천 억

21조 4천 억

30조 7천 억

22조 8천 억

13조 2천 억

| 2012년 | 2014년 | 2016년 | 2018년 | 2020년
6월 |

자료: 글로벌지속가능투자연합

　전 세계 투자자산 중 ESG 관점의 지속가능 투자는 2012년 13조 달러 규모에서 2014년 21조 달러를 돌파했고, 2020년 들어 40조 달러를 넘어섰다. ESG가 선택이 아닌 생존의 화두로 부각되면서 그 비율이 점점 증가하는 추세다. 지역별로는 전통적으로 ESG 가치에 중심을 두는 유럽 지역이 강세를 보였다. 다만 2020년 미국의 ESG 관련 투자자산이 유럽보다 커졌는데, 이는 유럽에서 ESG 투자로 인정하는 근거와 조건이 강화되면서 벌어진 현상이다. ESG 범주로 분류되었던 일부 펀드와 금융상품이 이탈한 영향이라 볼 수 있다.

한편 앞서 소개한 7가지 ESG 투자 방법론 중 가장 투자금액이 큰 방법론은 2020년 기준 'ESG 통합' 방식이었다. 그다음으로는 특정 ESG 기준에 따라 투자 대상을 소거하는 '네거티브 심사'가 많은 비중을 차지하고, '기업관여활동 및 주주행동'이 세 번째로 큰 비중을 차지했다.

2018년까지만 해도 네거티브 심사가 가장 큰 비중을 차지했지만, 이후 ESG 통합 방식이 부상하며 여러 방법론 중 가장 큰 비율을 차지하게 되었다. ESG 경영의 가치가 본격적으로 대두되면서 민간 투자의 영역에까지 영향을 미친 결과로 보인다.

국내 ESG
투자 현황

ESG 투자의 확산은 한국 시장에도 큰 영향을 미쳤다. 삼정 KPMG 조사에 따르면 국내 연기금의 책임투자 규모는 2017년 7조 2,470억 원에서 2018년 27조 2,070억 원으로 3.75배 이상

(단위: 조 원, %)

	240.9	311.2	63.3	
125.4 (100)	142.6 (59.2)	83.3 (26.8)	32.8 (51.8)	146.2
국내 주식	해외 주식	국내 채권	해외 채권	대체투자

● 전체 투자   ● 책임투자

*괄호 안은 비중

(단위: 조 원)

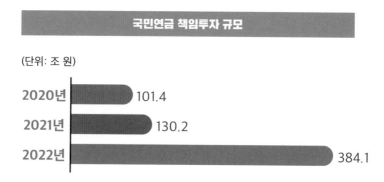

2020년	101.4
2021년	130.2
2022년	384.1

증가했고, 2019년 32조 7,960억 원에서 2020년 102조 6,160억 원으로 3.12배 이상 증가했다. 특히 국민연금의 약진이 두드러졌는데 2019년 11월 책임투자원칙을 제정하면서 책임투자 규

모 비중을 급격히 늘린 바 있다.

국민연금이 공시한 보고서에 따르면 국민연금은 전체 투자 자산군 가운데 책임투자 비중을 2021년 130조 원에서 2022년 384조 원으로 1년 사이 3배 가까이 늘렸다. 국민연금은 금융 투자자산 899조 원 가운데 약 43%를 책임투자 요소를 접목해 투자했다고 설명했다. 국민연금이 책임투자를 확대한 이유는 ESG 요소가 장기 수익률 향상에 긍정적인 영향을 미칠 것이라는 판단 때문이다.

2023년 3월 말 기준 글로벌 ESG 펀드의 총자산은 33조 3천억 달러에 달하는 것으로 나타났다. 2021년 12월 말 51조 7천억 달러로 ESG 펀드가 가장 호황을 누릴 때와 비하면 다소 낮지만 다시 상승세를 타기 시작했다. 특히 주식형 펀드는 3월 이후 순유입액의 1/4을 차지하면서 비친환경 주식형 펀드의 수익을 제친 바 있다.

서스틴베스트에 따르면 2022년 6월 말 국내 펀드 시장에는 127개의 ESG 펀드가 운용되고 있는 것으로 나타났다. 2020년 하반기부터 가파른 성장세를 보이다가 2022년 상반기에는 다소 둔화되기도 했다. 그러다 2022년 하반기부터 다시 다수의 ESG 펀드가 신규 출시되었다.

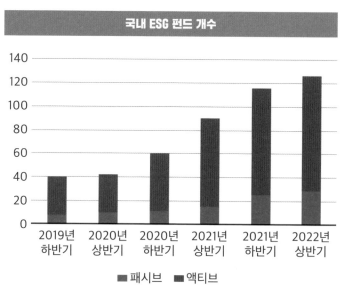

자료: 서스틴베스트

ESG 지표와
주가의 상관관계

Q5와 Q1을 비교해보면 리스크 정도에 따라 항상 Q1이 Q5보다 기업
의 숫자가 많음을 알 수 있다.

ESG 지표의 성과가
주가에 미치는 영향

ESG 관점에서 성과가 훌륭한 회사는 주가 상승률도 뛰어날
까? 앞서 살펴본 바대로 ESG 관점에서 기업을 평가하는 지표
는 여러 가지가 있지만 가장 대표적인 방법은 MSCI ESG 평가
다. 해당 기준을 바탕으로 ESG 지표의 성과와 주가 사이의 상

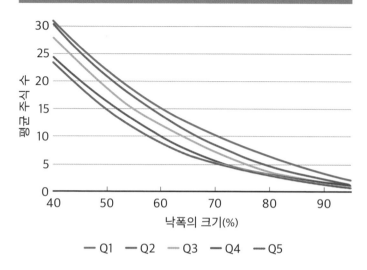

관관계를 살펴보자.

MSCI가 발간한 리포트(Deconstructing ESG Ratings Performance)에 따르면 MSCI ESG 평가에 따라 기업을 가장 상위그룹인 'Q5'부터 가장 하위그룹인 'Q1'까지 5개 그룹으로 나눈 다음 2가지 사항을 측정했다. 하나는 주가 리스크고, 다른 하나는 주가 수익률이다. 먼저 주가 리스크는 주식의 낙폭 주기를 주가 리스크의 기준으로 삼고 이를 매년 측정해 살펴보는 것이다. 많은 위험이 개별적인 사건, 즉 '이벤트 드리븐(event-driven)'에 의해 발생했으며 Q5와 Q1이 가장 큰 차이를 보였다. 주가 수익률은 ESG 점수에 따라 2007년부터 2020년까지 약 13년간 기업의 주가 수익률 성과가 어땠는지 검토한 것이다.

먼저 각 회사의 ESG 점수에 따른 주가 리스크 노출의 정도를 살펴보자. 매년 주어진 수준을 초과하는 낙폭을 겪는 회사가 기준이며, Q5~Q1은 3년 주기로 ESG 점수에 따라 리밸런싱했다. 회사의 수를 Y축, 낙폭의 크기를 X축으로 설정했다. Q5와 Q1을 비교해보면 리스크 정도에 따라 항상 Q1이 Q5보다 기업의 숫자가 많음을 알 수 있다.

낙폭의 크기에 따른 회사의 분포를 분명히 확인하기 위해 Q1÷Q5의 비율로 나타낸 자료를 살펴보면, 낙폭의 크기 75% 정도까지는 완만히 오르다가 75~85% 부근에서 비율이 급격하게 증가함을 알 수 있다. 환경 요소를 중점으로 Q5~Q1을 구분한 그룹을 제외하면 모두 비슷한 양상을 보였다. 다시 말해 MSCI ESG 평가에서 하위그룹에 속한 기업들은 주가가 크게 하락하는 사건·사고를 자주 겪을 확률이 높고, 주가 폭락의 리스크에 대한 노출도 훨씬 높다는 의미로 해석할 수 있다.

해당 리포트는 이에 그치지 않고 2006년 12월부터 2019년 12월까지 Q5의 수익률에서 Q1의 수익률을 뺀 값을 비교했다.

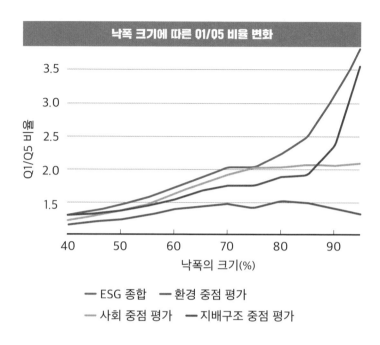

낙폭 크기에 따른 Q1/Q5 비율 변화

Q1/Q5 비율

3.5
3.0
2.5
2.0
1.5

40   50   60   70   80   90

낙폭의 크기(%)

— ESG 종합   — 환경 중점 평가
— 사회 중점 평가   — 지배구조 중점 평가

그 결과 해당 기간 MSCI ESG 평가를 기준으로 점수가 가장
높은 Q5를 대상으로 리밸런싱해 투자했다면 ESG 점수가 가
장 낮은 Q1에 비해 30% 정도 초과 수익을 거둘 수 있는 것으
로 나타났다. MSCI ESG 평가만으로 고려해 투자 대상 기업을
선정하는 방식이 유효함을 입증한 것이다. 다만 이는 시장에
따라 다를 수 있다. 태평양 지역에 국한해서 보면 지역에 따라
MSCI ESG 점수가 낮은 기업들이 오히려 높은 수익을 기록하

국내 주식 MSCI ESG 등급별 누적 성과 비교

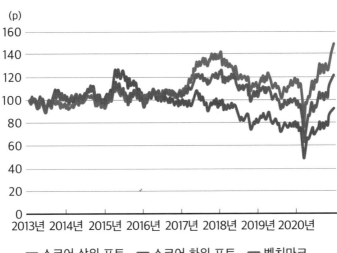

(p)

2013년 2014년 2015년 2016년 2017년 2018년 2019년 2020년

━ 스코어 상위 포트　━ 스코어 하위 포트　━ 벤치마크

기도 했다. 한국 시장에 국한해 투자할 계획이라면 이 부분을
다시 한번 살펴볼 필요가 있다.

코스피200 구성 종목을 대상으로 MSCI ESG 평가에 따라
상위그룹과 하위그룹을 구별해 누적수익률을 백테스팅해보자.
자료는 삼성증권 〈지금 바로 쓰는 ESG 전략〉(김동영, 2021년 5월
26일)을 참고했다.

MSCI ESG 평가를 근거로 상위 포트와 하위 포트로 구분해

2013년 2월 초부터 2020년 12월 말까지 리밸런싱했으며, 비교군인 벤치마크는 코스피200으로 삼았다. 그 결과 MSCI ESG 상위그룹과 하위그룹의 연평균수익률(CAGR)은 각각 5.1%, −1.0%였다.

투자자가 감수하는 위험에 따른 수익률을 나타내는 '샤프 비율'은 어떨까? 통상 1.0 이상이면 투자할 만한 주식이고 2.0 이상이면 매우 좋은 주식인데, 'Q5-Q1' 포트폴리오의 샤프 비율은 0.45로 훌륭한 편은 아니었다.

상위그룹은 2015년에서 2016년 사이 벤치마크보다 상대적으로 하락하기도 했지만, 2020년 이후 코로나19 팬데믹 시기에 코스피지수가 급락하는 데 반해 상위그룹은 크게 하락하지 않고 꾸준한 상승세를 이어갔다. 이는 곧 코스피와의 상관성이 매우 낮고 주가가 연동되지 않으며 코스피의 하락 위험을 어느 정도 헤지할 수 있다는 뜻이다.

ESG 분석
실천하기

해당 기업의 ESG 지표를 업종 평균과 함께 비교해볼 수 있어 기업
분석에 용이하게 쓰일 것으로 보인다.

네이버페이 증권

활용하기

개별 종목의 ESG 지표를 손쉽게 확인할 수 있는 방법이 있
다. 바로 모바일로 네이버페이 증권을 활용하는 것이다. 모바일
네이버에서 관심 종목을 검색하고 '재무' 메뉴를 누르면 해당
기업의 ESG 정보를 확인할 수 있다.

네이버페이 증권에서 '한국전력'을 검색한 화면(좌),
'재무'에서 확인할 수 있는 'ESG' 메뉴(우)

　　예를 들어 '한국전력'의 ESG 관련 비재무적인 정보가 궁금하
다고 가정해보자. 모바일 네이버페이 증권에서 '한국전력'을 검
색한 다음 '재무' 메뉴를 누른다. 그다음 'ESG'를 누르면 재무
정보에 드러나지 않는 지속가능성 평가 지표, 즉 ESG 지표를
확인할 수 있다.

　　모바일 네이버페이 증권이 제공하는 ESG 정보는 다음과 같다.

1. 환경: 온실가스 배출량, 에너지 사용량, 미세먼지 배출량, 용수 재활용률, 폐기물 재활용률
2. 사회: 직원 평균 연봉, 비정규직 고용률, 기부금, 직원 평균 근속년수
3. 지배구조: 사외이사 비율, 최대주주 지분율, 이사회의 독립성, 사내등기임원 평균 보수, 임원/직원 보수 비율

해당 기업의 ESG 지표를 업종 평균과 함께 비교해볼 수 있어 기업 분석에 용이하게 쓰일 것으로 보인다.

이번에는 네이버페이 증권을 이용해 ESG 관련주로 꼽히는 두산퓨얼셀, 에코프로비엠, 인선이엔티의 ESG 지표를 간단히 살펴보겠다.

1. 두산퓨얼셀

두산퓨얼셀의 핵심 사업은 발전용 연료전지 사업으로 발전용 연료전지 기자재 공급 및 연료전지 발전소에 대한 장기유지보수 서비스 제공을 주요 사업으로 영위하고 있다. 매출 비중은 최근 사업연도를 기준으로 기자재 공급 75%, 장기유지보수 서비스 25%로 구성되어 있다. 주요 고객사는 공공 및 민간 발

네이버페이 증권에서 확인 가능한 두산퓨얼셀 ESG 지표

전 사업자다. 미래 성장을 위해 익산공장 PAFC 생산시설 증설에 착수했고, 차세대 SOFC 시스템 개발 및 생산설비 구축을 진행했다.

두산퓨얼셀은 현재 네이버페이 증권에서 사회, 지배구조 부문만 공개하고 있다. 사회 부문을 보면 직원 평균 연봉과 기부금은 업계 평균 이상인 반면, 비정규직 고용률과 직원 평균 근속년수는 업계 평균 이하임을 알 수 있다. 특히 직원 평균 근속년수가 업계 평균 6.1년에 비해 2년으로 굉장히 짧다. 지배구조 부문을 보면 사외이사 비율과 최대주주 지분율은 업계 평균 이상인 데 반해, 사내등기임원 평균 보수와 임원/직원 보수 비율은 업계 평균 이하임을 알 수 있다.

2. 에코프로비엠

에코프로비엠은 2016년 5월 1일 에코프로의 2차전지 소재 부문이 물적분할되어 신설되었다. 2013년 하이니켈계 양극활물질 중심으로 사업 재편을 한 이후부터 NCA 분야에서 시장 점유율을 꾸준히 높이고 있다. 현재 연간 18만 톤 규모의 양극재 생산능력을 2027년 71만 톤, 2030년 100만 톤으로 확대한다는 계획이다. 테슬라에 배터리 소재를 납품하고 있는 스미토모와 시장점유율을 두고 경쟁 중이다. 다만 최근 양극재 원재료인 리튬 가격이 급등하면서 수익성 악화에 대한 우려가 커진 바 있다.

환경 부문을 보면 굉장히 훌륭한데 온실가스 배출량과 에너지 사용량, 미세먼지 배출량이 업계 평균을 훨씬 하회함을 알 수 있다. 용수 재활용률은 업계 평균보다 낮으며, 수치가 높을수록 좋은 폐기물 재활용률은 업계 평균보다 약 35%p 높다. 사회 부문에서는 비정규직 고용률과 직원 평균 근속년수가 업계

환경 (2021년 기준)	최근 연간
온실가스 배출량 1.3 tCO₂ 배출1억 기준	에코프로비엠 1.3 tCO₂ 업종 평균 21.6 tCO₂
에너지 사용량 2.6786 TOE 배출1억 기준	에코프로비엠 2.6786 TOE 업종 평균 8.8685 TOE
미세먼지 배출량 0.8 ton	에코프로비엠 0.8 ton 업종 평균 6.9 ton
용수 재활용률 0 %	에코프로비엠 0% 업종 평균 4.2%
폐기물 재활용률 97.3 %	에코프로비엠 97.3% 업종 평균 62.8%

에코프로비엠	222,000
사회 (2022년 기준)	최근 연간
직원 평균 연봉 $7,900$ 만원	에코프로비엠 7,900만원 업종 평균 6,866만원
비정규직 고용률 3.8 %	에코프로비엠 3.8% 업종 평균 12%
기부금 0.0625 % 매출액대비 기준	에코프로비엠 0.0625% 업종 평균 0.0509%
직원 평균 근속년수 3 년	에코프로비엠 3년 업종 평균 8.1년

지배구조 (2022년 기준)	최근 연간
사외이사 비율 50 %	에코프로비엠 50% 업종 평균 44.2%
최대주주 지분율 51.7 %	에코프로비엠 51.7% 업종 평균 42.4%
이사회의 독립성 겸임	겸임기업 94.2% 분리기업 5.8%
사내등기임원 평균 보수 $35,400$ 만원	에코프로비엠 35,400만원 업종 평균 64,623만원
임원/직원 보수 비율 4.5 배	에코프로비엠 4.5배 업종 평균 8.8배

네이버페이 증권에서 확인 가능한 에코프로비엠 ESG 지표

평균보다 낮지만 직원 평균 연봉은 높은 편이다. 지배구조 부문에서는 사외이사 비율과 최대주주 지분율은 업계 평균과 근접하며, 사내등기임원 평균 보수와 임원/직원 보수 비율은 업계 평균보다 낮음을 알 수 있다.

3. 인선이엔티

인선이엔티는 건설폐기물의 수집, 운반 및 중간처리를 영위할 목적으로 1997년 11월 13일에 설립되었다. 2002년 6월 11일 코스닥 시장에 주식을 상장했다. 인선이엔티는 발생하는 건설

네이버페이 증권에서 확인 가능한 인선이엔티 ESG 지표

폐기물을 중간처리해 최종 처분하는 리사이클 사업에 특화된 기업이다. 국내 유일 폐기물 일괄처리 기술 및 특허를 보유함으로써 자동차 재활용 사업에 진출했다. 2023년 건설 경기가 장기 불황의 늪에 빠졌음에도 실적 부진을 최소화하며 업계 1위를 기록했다. 다만 최근 취득이 금지된 국내 계열사 주식을 보유해 공정거래위원회의 제재를 받은 바 있다.

인선이엔티는 현재 네이버페이 증권에서 사회, 지배구조 부문만 공개하고 있다. 사회 부문을 보면 직원 평균 연봉과 기부금, 직원 평균 근속년수는 업계 평균에 못 미치지만 비정규직 고용률은 상회함을 알 수 있다. 지배구조 부문을 보면 사외이사 비율, 사내등기임원 평균 보수, 임원/직원 보수 비율은 업계 평균 이하인 반면, 최대주주 지분율은 업계 평균을 유지하고 있는 상황이다.

이처럼 네이버페이 증권을 활용하면 기업의 ESG 지표를 손쉽게 확인할 수 있으며 업계 평균과도 비교해볼 수 있다.

가치투자의 도구, ESG 평가

장기적으로 하나의 지표나 하나의 요인만 보고 수익을 낼 수 있는
전략은 없다.

방어적 지표로서
ESG 평가

주식에 투자해 수익을 내는 것도 당연히 중요하지만 그것 못
지않게 중요한 건 돈을 잃지 않는 것이다. 미국의 전설적인 투
자자 제시 리버모어는 "수익을 주는 거래는 계속하고, 손실
을 주는 거래는 끝내라."고 조언한 바 있다. 수익을 길게 가져

본전 만회에 필요한 수익률

손실률(%)	본전 만회에 필요한 수익률(%)
10	11.1
20	25
30	43.7
50	100
66.7	200
75	300
80	400

가고 손실을 짧게 끝내기 위해서는 최대낙폭(MDD: Maximum Drawdown)이 커서는 안 된다. 주식 투자를 고려하고 있다면 수익율과 더불어 반드시 최대낙폭을 고려해야 한다.

투자한 주식의 최대낙폭이 20~30% 이상 발생하면 심리적으로 버티기가 쉽지 않을 뿐만 아니라, 실제로 소위 말하는 '본전'을 찾는 것도 매우 어렵다. 만약 투자한 자산의 가격이 30% 하락했다면, 당초 투자한 원금을 회복하기 위해서는 하락한 가격에서 43.7%가 상승해야 한다. 가격이 절반으로 떨어졌다면 하락한 가격에서 2배나 상승해야 손해 없이 원금을 겨우 회복할 수 있다.

ESG 평가가 좋은 기업들은 환경, 사회, 지배구조 요소에 대한 관리가 잘되어 있고, 또 선도적으로 좋은 평가를 받고 있어 특정 ESG 이슈로 인한 주가 폭락의 위험을 자연스럽게 회피한다. 다시 말해 전체적으로 경제 상황이 좋지 않거나 회사가 영위하는 사업이 시장에서 축소되는 등 외부적인 위험 요인이 없다면 주가 하락의 리스크를 어느 정도 회피할 수 있다. 따라서 주식 투자 시 ESG 평가를 고려해 포트폴리오를 짠다면 최대낙폭을 줄일 수 있다.

재무제표, 그리고 ESG 평가

책의 전반부에서 살펴봤듯이 주식 투자를 위해서는 해당 기업의 재무적 정보를 필히 검토해야 한다. 정성적인 요소로 ESG 평가를 보충적으로 반영하는 것이 바람직하다. 재무적으로 건전하지 못한 회사가 ESG 점수만 높을 가능성은 낮지만, 가령 ESG 점수만 높다면 장기적으로 해당 회사의 가치가 상승할 여력은 낮을 것이다. 따라서 해당 회사의 기초 체력인 재무적인 지표가 건전하다면 ESG 점수를 추가적인 지표로 활용해 가치 상승 여력을 가늠해볼 필요가 있다.

회사의 자원은 한정적이므로 회사는 회사의 존속을 위해, 매출을 올리기 위해 한정된 자원을 사용할 수밖에 없다. ESG는 말 그대로 환경, 사회, 지배구조에 관한 사항으로 회사의 존속이나 매출과는 직접적인 관련성이 상대적으로 적은 요소다. 그럼에도 회사가 이러한 사항을 고려해 자원을 할당하고 ESG 지표를 개선하는 노력을 기울인다는 건 많은 것을 함의한다. 해당 회사의 여력과 문화 등을 간접적으로 확인할 수 있는 정보라고 볼 수 있다.

다만 회사의 실체와 달리 친환경적인 모습으로 포장하는 그린워싱(Green Washing) 여부도 반드시 따져봐야 한다. 기업이 실제로는 ESG 경영에 대한 노력을 기울이지 않고 ESG 점수를 높이는 일에만 관심을 보이는 것은 아닌지 확인해야 한다.

MSCI ESG 평가 등 ESG 경영에 대한 평가 기준은 다양하다. 환경, 사회, 지배구조와 같은 요소에서 훌륭한 평가를 받았다면 정성적인 부분으로 장기적으로 주가에 반영될 가능성이 높다. 한편 MSCI ESG 평가에서 점수가 너무 낮은 회사는 앞서 살펴본 바대로 큰 낙폭을 겪을 확률이 상대적으로 높기 때문에 투자 대상 선정에 주의를 기울여야 한다. 다만 ESG 평가는 추가적인 고려사항이다. 다시 한번 강조하지만 재무적으로 성과를 낼 수 있는지 확인한 다음 ESG 평가를 추가적인 가치 판단의 기준으로 삼는 것이 타당하다.

가령 재무적으로 건강하지 않은 기업이 ESG 점수가 높다고 무작정 투자하는 것은 타당하지 않다. 더불어 투자 대상으로 삼기 좋은 회사일지라도 적정한 가치보다 싸게 사지 않으면 수익을 거두기 힘들기 때문에, ESG 점수가 높고 발전 가능성이 높다 해도 그러한 평가와 비전이 주가에 '선반영'되었다면 투자를 재고해야 한다.

ESG 평가가 좋다면 회사의 가치를 높이는 것은 맞지만 이러한 요소가 회사의 가격인 주가를 반드시 정비례로 올리는 것은 아니다. 물론 주식 시장은 항상 합리적인 것은 아니기 때문에 ESG 요소가 주가를 일시적으로 폭등시킬 수도 있지만 이는 논리적으로 예측할 수 있는 영역은 아니다. 관련 이슈가 터졌을 때 단기적으로 대응하고자 ESG 관련 기업에 투자하는 것은 효과적인 방법이라 할 수 없다.

장기적으로 하나의 지표나 하나의 요인만 보고 수익을 낼 수 있는 전략은 없다. 거래량, 추세 등을 위주로 단타 투자를 하는 스캘퍼나 차티스트가 아니라면, 기업의 정량적인 재무 정보와 정성적인 ESG 평가를 종합적으로 고려하는 것이 바람직하다. 또 단기 이슈에 대응하는 것이 아닌 어느 정도 기간을 두고 큰 흐름을 읽으며 투자하는 것이 투자자의 내면의 평화와 수익의 측면에서 바람직하다.

저평가된
비친환경 기업들

ESG와 성장주 트렌드로 인해 상대적으로 에너지 섹터가 크게 저평
가된 상황이다.

다시 떠오른

원자재

    지난 10년간 가속화된 친환경 트렌드로 인해 각국 정부는
친환경에 도움이 되는 여러 정책을 내놓았다. 덕분에 친환경 관
련 제품을 생산하고, 유통하고, 서비스하는 업체들은 큰 수혜
를 받았다. ESG 경영이 필수가 아닌 기본인 시대가 되면서 친

환경 중심의 경영은 더더욱 각광을 받기도 했다.

재밌는 사실은 이러한 트렌드 덕분에 자연스럽게 소위 '비친환경' 기업들이 상대적으로 저평가되었다는 점이다. 특히 전 세계적으로 원자재 기업이 상당히 저평가되어 있는 상태다. 오늘날 우리가 지구에서 추출하는 원자재의 양은 연간 약 1천억 톤에 달한다. 그리고 이러한 원자재를 사용하는 과정에서 환경이 오염된다.

석탄을 예로 들어보자. 〈뉴스서천〉에 따르면 가장 효율적으로 설계된 석탄 발전소마저도 천연가스 발전소보다 약 2배, 재생가능에너지보다 약 15배에 달하는 이산화탄소를 배출한다. 또한 화력발전의 과정에서 생성되는 미세먼지 등의 오염물질은 환경오염뿐 아니라 우리의 건강에도 악영향을 미친다. 심혈관질환, 호흡기질환, 신경계질환의 주요 원인일 뿐만 아니라 폐암, 뇌졸중, 심장병 등을 유발하기도 한다.

석탄을 제외하고 금, 은, 철, 구리, 니켈, 석유, 아연, 납 등 수많은 원자재를 생산하는 과정에서 환경오염은 필연적이다. 그런데 중요한 건 11년마다 전 세계 인구가 10억 명씩 늘어난다는 것이다. 늘어난 인구만큼 모든 제품의 수요 또한 늘어날 수밖에 없다. 식품, 전자기기, 자동차 등 전방위적인 제품과 관련 서비스 수요가 는다는 것은 곧 더 많은 원자재가 필요해진다는 뜻이다. 우리가 친환경을 지향해야 하는 것은 맞지만 인구 부양을 위해 설사 환경오염이 뒤따르더라도 원자재 수요를 줄일 수 없는 오늘날의 현실을 간과해선 안 된다.

그래서 혹자는 미래 세대가 살아남으려면 세계 인구가 절반으로 줄어야 한다고 주장한다. 정말 그런 일이 벌어져야만 환경오염이 획기적으로 줄어들겠다 싶을 정도다. 결국 인구가 늘면 원자재의 수요가 늘기 마련이고, 더 많은 원자재가 생산되어야만 한다. 그런데 최근 ESG 테마가 급부상하며 인구가 늘어나는 만큼 원자재 공급량이 늘지 못하고 있다. 재고도 넉넉하지 않은 편이다. 즉 수요를 공급이 따라가지 못하는 상황이다. 자연스럽게 원자재의 가격이 상승할 수밖에 없다.

블룸버그와 골드만삭스 등 신뢰할 수 있는 금융기관의 자료에 따르면, 2024년을 기준으로 거의 모든 원자재의 재고가 수요 대비 부족한 상황에 있다. 즉 고갈되어 가고 있는 것이다. 수요를 공급이 뒤따라주지 못하는 영향이다. 특히 니켈, 구리, 알루미늄, 아연의 경우 글로벌 수요에 비해 지나치게 재고가 부족하다. 공급은 부족한데 수요는 넘치니 자연스럽게 가격은 상승한다.

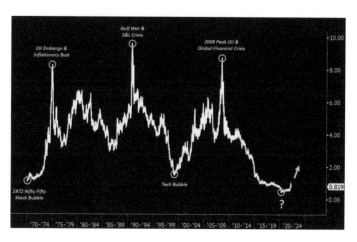

골드만삭스 원자재지수와 S&P500을 비교한 그래프.
차트가 우상향할수록 원자재 가격이 S&P500 대비 고평가됨을 뜻한다.
(자료: Incrementum AG, Crescat Capital)

원자재 가격이 상승하면 원자재 기업의 마진이 개선된다. 더 많은 마진은 기업으로 하여금 더 많은 생산을 유도한다. 그러나 그간 원자재 기업은 그다지 재미를 보지 못했다. 투자자들은 원자재 기업 대신 테슬라나 구글과 같은 빅테크, 성장주 기업에 열광했고 세상의 모든 자본이 그쪽으로 쏠렸다. 게다가 ESG 트렌드로 인해 원자재 기업은 마치 죄인이 된 것과 같은 상황에 놓였다. 인류가 필수적으로 필요한 원재료를 채굴하고, 유통함에도 불구하고 환경을 오염시킨다는 명분으로 지난 10년간 소외되었다.

　자연스럽게 주식 시장에 돈이 몰리고 원자재 시장은 소외되는 결과를 낳았다. 세상의 모든 돈이 주식과 부동산으로 몰리니 원자재가 상당히 저평가되었는데, 현재는 1970년대 니프티 피프티 버블(Nifty-fifty bubble)로 원자재가 소외받았던 때보다 더 원자재가 주가 대비 저평가된 상황이다. 무려 50년 만에 돌아온 초저평가 수준이다. 다양한 데이터를 근거로 분석해보면 1900년대 이래로 100년간 원자재가 이렇게 저렴한 적은 없었다.

경제는
트렌드다

　경제는 트렌드다. 세상의 돈이 때로는 미국에 몰리고, 때로는 신흥국에 몰린다. 때로는 주식 시장에 몰리고, 때로는 원자재에 몰린다. 이러한 흐름은 주기를 두고 순환하는데 필자는 이를 '김피비의 계절이론'이라고 정의한다. 마치 우리나라의 사계절이 있듯이 금융 시장에도 계절처럼 주기적으로 유행이 순환하기 때문이다. 지금까지의 트렌드가 선진국, ESG, 대형주, 성장

주었다면 앞으로의 트렌드는 데이터 관점에서 봤을 때 신흥국, 원자재, 고금리·고물가(경제 침체 이후), 중소형주가 될 가능성이 높다.

세계가 인정하는 가치투자자 워런 버핏은 좋은 기업을 저렴한 주가에 매수하는 것을 좋아한다. 그런 그가 2019년 이래 계속 원자재 기업에 대한 투자를 확대해오고 있다. 특히 일본의 대표적인 종합상사 여러 곳의 지분을 공격적으로 매집해 많은 사람의 시선을 끌기도 했다. 종합상사 기업은 원자재 가격 상승의 대표적인 수혜주다.

버크셔 해서웨이 공시와 여러 인터뷰에 따르면, 워런 버핏은 2019년에는 선코에너지(캐나다 석유·가스 탐사 및 생산 기업)의 지분을 매입했고 도미니언에너지(전기·천연가스를 공급하는 유틸리티 기업)를 인수했다. 2020년에는 셰브론(석유·가스 기업)과 옥시덴털 페트롤리움(석유·가스 탐사 및 생산 기업)의 지분을 매입했으며, 2022년부터는 공격적으로 일본 종합상사의 지분을 확대했다.

일본의 종합상사 기업들은 2000년대 당시 자원 개발로 고수익을 창출해왔으나, 2016년 이후 원자재 가격이 하락세에 접어들며 뚜렷한 실적을 내지 못했다. 많은 사람에게 소외받으며 저평가되었다고 판단한 워런 버핏은 최근까지도 공격적으로 지분율을 확대하고 있는 상황이다. 이 밖에도 그는 그간 애착이 깊었던 애플의 지분은 축소하면서 에너지, 원자재 관련 주식의 지분을 늘리고 있는 상황이다.

많은 사람이 그를 그저 장기 투자자이자 재무제표나 기업 분석에 기반한 투자자로 생각하지만, 다른 관점에서 보면 그는 최고의 매크로 분석가다. 매크로는 거시경제의 트렌드를 분석해 어느 섹터가 저평가되어 있는지 찾아내는 탁월한 접근 방식을 말하는데, 그는 최상위 수준의 매크로 분석을 바탕으로 시장을 내다보고 있다. 원자재 관련 기업에 대한 투자 비중을 늘리는 것이 매크로 관점에서도 가장 탁월한 선택이기 때문이다.

구리와 S&P500을 비교한 그래프를 보면 상대적으로 주식시장에 많은 돈이 몰렸음을 알 수 있다. 2010년대 이후로 현재까지 약 10년간 미국 주가지수는 고공행진한 반면, 가격적인 관점에서 구리는 저평가되어 있는 상황이다. 이렇듯 원자재가 저평가될 경우 자연스럽게 원자재 관련 주식도 저평가되는 경향이 있다. 원자재 가격이 낮은 수준을 유지하면서 관련 기업들의 마진 또한 제한적이었기 때문이다.

JP모건의 자료에 따르면 에너지 기업의 경우 다른 섹터에 비

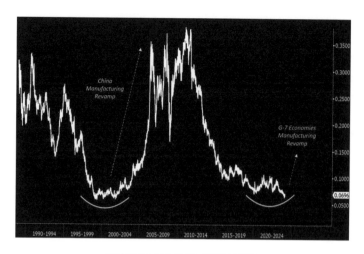

구리 가격과 S&P500을 비교한 그래프.
차트가 우상향할수록 구리 가격이 S&P500 대비 고평가됨을 뜻한다.
(자료: 블룸버그, Crescat Capital)

해 영업 레버리지가 압도적으로 높은 편이다. 조사에 따르면 매
출이 1% 증가할 때마다 무려 영업이익이 8.9% 증가한다. 다른
주요 산업군과 비교하면 월등한 수준이다.

에너지 관련 기업은 추가 투자를 통해 생산량을 늘리지 않는
이상 매출을 늘릴 수 있는 방법이 거의 없다. 그런데 가만히 있
더라도 매출이 증가하는 때가 있는데 바로 원자재 가격이 상승
할 때다. 들어가는 비용은 큰 차이가 없는데 원자재 가격 상승

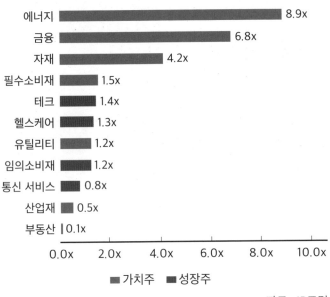

에너지 ████████████████ 8.9x
금융 ████████████ 6.8x
자재 ███████ 4.2x
필수소비재 ██ 1.5x
테크 ██ 1.4x
헬스케어 ██ 1.3x
유틸리티 ██ 1.2x
임의소비재 ██ 1.2x
통신 서비스 █ 0.8x
산업재 █ 0.5x
부동산 ❘0.1x

0.0x 2.0x 4.0x 6.0x 8.0x 10.0x

■ 가치주 ■ 성장주

자료: JP모건

으로 원자재 단위당 금액이 커지면 매출이 늘어나고, 마진율도 개선될 수밖에 없다.

브라질의 시가총액 1위 기업이자 석유·천연가스를 탐사, 생산, 유통하는 페트로브라스와 셰브론을 비교한 자료를 보자. 놀랍게도 페트로브라스는 절대적으로도, 상대적으로도 매우

시가총액	123조 원	357조 원
순이익	47조 원	46조 원
코로나 이후 상승률	847%	264%
5년 순이익 CAGR	48.84%	19.07%
PER, ROE	3.54, 36.10	10.77, 15.72
22년 배당수익률	59.50%	3.16%

페트로브라스와 셰브론을 비교한 자료 (자료: 에임리치)

크게 저평가되어 있다. 2023년 기준으로 5년 순이익 연평균수
익률(CAGR)은 약 49%이고, ROE는 36%에 달하며, 배당수익
률은 59.5% 수준을 기록했다. 그러나 PER은 3.5배에 불과하다.
이 정도면 최소 주가가 내재가치 대비 10배는 저렴하다고 볼
수 있다. 같은 업종의 미국 기업인 셰브론과 비교하면 3배가량
저평가된 상황이다. 물론 셰브론도 현재 버블 가도를 달리고 있
는 다른 성장주와 비교하면 상대적으로 저평가되어 있는 것은
마찬가지다.

결론적으로 정리해보면 ESG와 성장주 트렌드로 인해 상대
적으로 에너지 섹터가 크게 저평가된 상황이다. 이미 워런 버

핏을 포함한 월가의 가치투자자들은 포트폴리오에 하나둘 에너지 기업을 포함시키고 있다. 다른 금융 데이터를 살펴보면 확실하게 저평가되었음을 알 수 있다. 중장기적인 관점으로 투자를 한다면 반드시 주목해야 할 사항이다.

가치투자자를
위한 유의사항

워런 버핏은 가치함정을 예방하는 방법으로 '분산투자'를 권했다.

가치투자란
무엇인가?

가치투자는 상당한 내공이 필요한 영역이다. 가치투자에 대해 제대로 알고 싶으면 공부를 많이 해야 한다. 이 책에서 다룬 회계 지식과 재무 정보, 재무비율 분석은 기본이고 가치투자를 전문으로 하는 교육이나 책의 도움을 받기를 권한다. 아무런 공부 없이 투자해서 성공할 확률은 복권을 사서 당첨될 확률과 같다.

가치투자는 가치주(Value Stock)를 발굴하고 이에 투자해 장기적으로 고수익을 올리는 워런 버핏식 투자 전략이다. 여기서 가치주란 현재 기업의 경영 성과와 재무상태에 비해 상대적으로 시장에서 저평가된 주식을 말한다. 가치주는 증시가 불안정하고 경제 상황이 급변하는 시기에 훨씬 큰 수익을 얻을 수 있는 주식이다. 다른 주식에 비해 경기 변동의 영향을 덜 받기 때문에 상대적으로 안정적이며, 미래에 꾸준히 가치가 상승하므로 장기적으로는 예적금보다 훨씬 큰 수익을 노릴 수 있다.

옛날에는 가치투자를 기업의 재무상태를 보고 건실한 기업에 잘 투자하는 정도로만 생각했지만, 최근에는 망하지 않기 위한 최선의 투자 전략으로 급부상했다. 가치주와 더불어 주주에게 고배당을 주는 고배당주, 절대로 망하지 않는 대마불사주 등도 새롭게 떠오르고 있다.

고수익을 보장해주는 가치주를 찾으려면 앞서 다룬 재무제표 분석을 활용해야 한다. 예를 들어 주가이익비율인 PER이 낮으면서도 잠재적 내재가치가 높은 기업을 찾아 장기간 투자하는 것이 한 방법이다. 물론 산업 전체가 사양화되어 있다면 통하지 않는다는 맹점은 있다. 따라서 업종과 산업의 동태를 살펴 미래 '신성장동력'이 될 가능성이 있는지 확인한 다음 투자할 필요가 있다.

기업의 가치는 여러 가지 재무적 특성으로 결정된다. 먼저 기업의 수익성을 통해 창출되는 현금흐름과 현재 보유하고 있는 자산 수준, 부채를 얼마나 쓰고 있는지에 따른 리스크 등 여러 가지 요소로 달라질 수 있다. 따라서 한두 가지 재무제표 항목만 보고 투자를 결정하면 큰 낭패를 볼 수 있다. 가치주를 발굴하려면 기본적으로 PER, PBR 등을 통해 저평가 여부를 파악하고 EPS, BPS 등이 지속적으로 성장하는 추세인지를 검토해야 한다. 더불어 재무제표상 위험 요인은 없는지 확인해야 한다.

가치투자의
숨은 함정

재무제표를 활용한 가치투자가 만능이라고 생각하는 사람도 많다. 재무제표를 철저히 검토하면 상대적으로 안전하고, 장기적으로 수익이 날 가능성이 커지는 것은 사실이다. 그러나 가치

투자에도 아킬레스건이 있다. 존 케인스가 말한 유동성 함정(금리를 인하해도 투자, 소비 등에 아무런 영향을 미치지 못하는 상태)처럼 가치투자도 '가치함정'에 빠질 위험이 있다.

재무제표 분석을 통해 저평가 상태인 것처럼 보여서 매수했는데 몇 년이 지나도 주가가 답보 상태인 상황을 가치함정에 빠졌다고 말한다. 주가가 저렴하게 느껴져 장기간 보유했음에도 저평가 상태에서 변함이 없다면 가치함정에 빠진 주식일 수 있다. 가치투자는 장기간에 걸쳐 저평가된 주식 또는 성장 잠재력이 있는 주식을 보유하는 전략이다. 그렇기에 장기간 가치가 오르지 않으면 난감할 수밖에 없다. 이런 상황은 의외로 흔히 발생한다.

가치투자의 대가 워런 버핏도 영국의 식료품 체인점 테스코에 투자해 실패한 경험이 있다. 2007년 워런 버핏은 테스코가 해외 시장 진출에 적극적으로 나서자 16억 9,900만 달러 규모의 테스코 주식을 사들였다. 하지만 실적 부진이 이어지고 설상가상 회계부정 스캔들까지 터지면서 주가는 크게 하락한다. 훗날 그는 테스코 투자가 최악의 실수였음을 시인했다.

가치함정에 빠지면 몇 년 동안 주가는 꿈쩍 않지만 희한하게 재무제표 분석을 해보면 항상 저평가로 나온다. 이럴 때는 자신의 분석에 오류가 없다고 고집을 부릴 것이 아니라 오류를 인정하고 새로운 해결책을 모색해야 할 것이다. 재무제표라고 해서 만능은 아니다. 기업의 여러 의사결정 결과가 재무제표에 반영되지 않고 은폐된 경우도 상당히 많다. 물론 회계부정이나 분식회계는 범죄에 해당하지만 범죄 수준까지는 아니더라도 기록되지 않은 잠재적 리스크가 생각보다 많다는 것을 염두에 둬야 한다.

재무제표를 잘 아는 사람일수록 자신이 분석한 지표와 정보가 옳다고 맹신하는 경향이 있다. 그 판단이 옳으면 다행이지만 실수가 있을 수도 있다. 5년이 지나도 실수를 바로 잡지 않고 그러한 판단을 고집한다면 절대로 가치함정에서 빠져나올 수 없다. 오히려 매도 시기를 놓쳐서 손해만 커질 것이다. 워런 버핏의 2007년 테스코 투자는 실패했지만 그는 자신의 실수를 인정했고 빠르게 수정했다. 그 결과 1965년부터 2014년까지 연평균 21.6%의 수익을 거뒀으며, 재산의 99% 이상을 50세 이후에 만들어냈다.

워런 버핏은 가치함정을 예방하는 방법으로 '분산투자'를 권했다. 자신이 투자한 주식이 무조건 성공할 수는 없다. 그것은 오마하의 현인이라 불리는 워런 버핏에게도 불가능했다. 그렇기에 자금을 여러 가치주에 적절히 분산해서 투자하는 지혜가 필요하다. 만약 지금 투자한 주식의 주가가 오르지 않고 장기간 답보 상태라면 일부는 매도하고 다른 가치주를 발굴해 적절히 분산투자할 필요가 있다.

절대로 사면
안 되는 종목

때때로 주식 시장에서는 심각한 결함이 있어 상장폐지 절차를 밟는 종목이 있다. 상장폐지란 증시에 상장된 주식이 매매 대상으로 자격이 없어 상장이 취소되는 것을 말한다. 상장폐지 이후에는 비상장 주식이 거래되는 별도의 공간에서 매도자와 매수자가 개별적으로 거래해야 한다. 상장폐지가 결정된 주식은 대부분 주가가 폭락해 휴지조각이 된다. 주가가 높다고 해도 상장폐지 요건에 해당되면 상장폐지가 될 수 있으므로, 이런 징후가 있는 종목은 투자 시 각별한 주의가 필요하다. 조금이라도 징조가 보이면 투자를 피해야 한다.

금융감독원에서 상장폐지가 된 기업을 대상으로 조사해 그

징후에 대해 소개한 적이 있다. 다음에 열거한 내용에 해당하는 기업의 주식은 절대 투자해선 안 될 것이다.

1. 경영권 변동이 잦은 종목

경영권이 자주 변동되는 것은 상장폐지의 전조증상이다. 조사에 따르면 상장폐지 기업 가운데 최대주주가 2회 이상 변경되었거나 대표이사가 2회 이상 변경된 기업이 절반 가까이 되었다. 이러한 기업은 경영진의 안정적이고 지속적인 경영을 기대할 수 없다. 경영권이 바뀐 이유 가운데 배임과 횡령이 가장 큰 이유로 꼽힌 것을 보면, 경영권 변동이 잦은 종목이 얼마나 위험한지 그 심각성을 알 수 있다.

2. 주된 사업이 자주 바뀌는 종목

목적사업이 수시로 바뀔 경우 상장폐지를 의심해야 한다. 상장폐지 기업의 절반 정도가 목적사업을 변경한 바 있으며 이 중 상당수는 기존 사업과 전혀 관계없는 사업을 추진했다. 보통 중심적인 사업 분야에서 벗어나 신규 사업을 벌이는 것은 커다란 영업위험을 수반한다.

3. 지분법 손실이나 단일 거래처 비중이 큰 기업 종목

상장폐지 기업 가운데 상당수가 다른 법인에 출자하는 비중이 컸다. 단일 거래처 공급계약 체결 비중이 컸으며 공시정정 횟수도 잦았다. 부실 징후 가운데 하나는 기업이 다른 회사의 주식을 과도하게 많이 가지고 있는 경우다. 타기업 지분을 20% 넘게 가지고 있고, 지분법 손실 등을 통해 순이익을 악화시키는 기업은 상장폐지 가능성이 크다고 볼 수 있다. 게다가 특정 거래처와의 단일 계약 비중이 매출액의 대부분을 차지하고 있고, 공시정정 횟수도 많다면 거래의 실질을 의심해봐야 한다. 특정 거래처에 전적으로 의존하는 기업은 거래처가 부실해질 경우 망할 가능성이 크다.

4. 감사보고서에 특기사항이 기재된 종목

상장폐지된 기업 중 80%가 상장폐지 직전 사업연도의 감사보고서에 특기사항을 기재했다. 이 부분은 금융감독원 전자공시시스템에서 확인할 수 있다. 특기사항에 이를 테면 '계속기업 가정의 불확실성'과 같이 기업의 존속 자체가 불투명하다는 의견이 실리면 위험한 상황이란 뜻이다.

증권거래소 상장규정에 명시된 주요 상장폐지 요건은 다음과 같다.

1. 2년 연속 감사보고서상 감사의견이 감사 범위 제한 한정인 경우
2. 최근 사업연도 사업보고서상 자본금 전액 잠식
3. 자본금 50% 이상 잠식 2년 연속
4. 일반주주 수 200명 미만 2년 연속
5. 지분율 10% 미만 2년 연속. 다만 200만 주 이상인 경우 해당 되지 않는 것으로 간주
6. 2반기 연속 반기 월평균 거래량이 유동 주식 수의 1% 미만
7. 2년 연속 사외이사 수 미달 또는 감사위원회 미설치
8. 2년 연속 매출액 50억 원 미만
9. 회생절차 기각, 취소, 불인가 등
10. 기업의 계속성 등 상장법인으로서의 적격성이 인정되지 않는 경우
11. 최종 부도 또는 은행 거래 정지
12. 법률에 따른 해산 사유 발생
13. 주식 양도에 제한을 두는 경우

재무제표가 알려주는 좋은 주식, 나쁜 주식

초판 1쇄 발행 2024년 5월 10일

지은이 | 곽상빈·김피비
펴낸곳 | 원앤원북스
펴낸이 | 오운영
경영총괄 | 박종명
편집 | 이광민 최윤정 김형욱 김슬기
디자인 | 윤지예 이영재
마케팅 | 문준영 이지은 박미애
디지털콘텐츠 | 안태정
등록번호 | 제2018-000146호(2018년 1월 23일)
주소 | 04091 서울시 마포구 토정로 222 한국출판콘텐츠센터 319호(신수동)
전화 | (02)719-7735   팩스 | (02)719-7736
이메일 | onobooks2018@naver.com   블로그 | blog.naver.com/onobooks2018
값 | 20,000원
ISBN 979-11-7043-532-7 03320